Sprachen lernen mit Power

VERENA STEINER

Illustrationen von Esther Angst

SPRACHEN lernen mit POWER

Wie individuelle Lernmethoden
Sie weiterbringen

Beobachter-Edition
© 2014 Axel Springer Schweiz AG
Alle Rechte vorbehalten
www.beobachter.ch

Herausgeber: Der Schweizerische Beobachter, Zürich
Lektorat: Christine Klingler Lüthi, Wädenswil
Umschlaggestaltung und Reihenkonzept: buchundgrafik.ch
Illustrationen: Esther Angst, Ennenda
Satz: Bruno Bolliger, Losone
Druck: CPI books GmbH, Ulm

ISBN 978-3-85569-834-9

Mit dem Beobachter online in Kontakt:

 www.facebook.com/beobachtermagazin
 www.twitter.com/BeobachterRat
 www.beobachter.ch/google+

Inhaltsverzeichnis

Ein Buch übers Sprachenlernen – warum und für wen? 9

1 Teil I: Vergessenes auffrischen 13

1. Auf ins Abenteuer 15
Mythen hinterfragen 16
Auf autonomes Lernen setzen 18
Die ersten Schritte tun 20

2. Für reichlich Input sorgen 25
Sich vermehrt Hör-Input verschaffen 26
Das Vokabular durch Lesen reaktivieren 28

3. Das Lernen organisieren 30
Zeit zum Lernen schaffen 31
Sich ein Programm zusammenstellen 34

4. Das Auffrischen aktiv angehen 37
Auf methodische Vielfalt setzen 38
Mehrere Lehrbücher nutzen 39
Den Grundwortschatz festigen 42
Beim Wortschatz wählerisch sein 45
Bei der Grammatik Umsicht walten lassen 47
Lernfortschritte erkennen 50

5. Frust in Lust verwandeln 53
Was das Sprachenlernen schwierig macht 54
Die richtige Einstellung gewinnen 56
Die Lust am Lernen entdecken 58

6. Klug repetieren 61
Frei aus dem Gedächtnis abrufen 62
Zu Beginn häufiger repetieren 64
Für Abwechslung sorgen 65

2 Teil II: Die Kenntnisse erweitern und vertiefen 71

7. Die Herausforderungen kennen 73
Die vier Grundfertigkeiten weiter entwickeln 74
Sich gut organisieren 75
Kursbesuch oder Selbststudium? 76

8. Den Schwerpunkt zum Sprechen hin verschieben 78
Mit häufiger Artikulation beginnen 79
Die *Read-and-look-up*-Methode praktizieren 81
Typische Gesprächssituationen vorbereiten 83

9. Im Tandem lernen 86
Voraussetzungen für gutes Gelingen 87
Den eigenen Part abwechslungsreich gestalten 89
Was das Tandemlernen so wirkungsvoll macht 91

10. Das Hör- und Leseverstehen verbessern 94
Beim Lesen mehr verstehen 94
Das Hörverstehen trainieren 99

11. Am Sprachschatz arbeiten 102
Den Wortschatz vergrössern 103
Das Augenmerk auf die Verben richten 106
Die Lieblingslektüre zum Lehrtext machen 108
Schreiben, um sich sprachlich zu verbessern 111

12. An kommunikativer Sicherheit gewinnen 116
Das Nacherzählen üben 117
Kleine Kommunikationstricks nutzen 120

3 Teil III: Sich an eine neue Sprache wagen 123

13. Wie beginnen? 125
Einfachere und schwierigere Sprachen 126
Einstieg ins Italienisch – Selbstversuch mit einer
    einfachen Sprache 129

Griechisch lernen – Selbstversuch mit einer
  schwierigen Sprache 133
Ein passendes Programm entwerfen 137

14. Mit Geschichten einsteigen 141
Geschichten ins Zentrum stellen 142
Die Geschichte verstehen 144
Grammatik: Das Nötigste gleich in die Tat umsetzen 146
Memorieren und reproduzieren 149

15. Hören und imitieren 153
Worauf hören? 154
Den Sprecher, die Sprecherin imitieren 155

16. Wörter memorieren 158
Grundsätzliches 159
Merkhilfen und Eselsbrücken nutzen 162
Rechtzeitig repetieren 165
Repetition mittels Lernkartei oder
  elektronischem Vokabeltrainer 168

17. Verschiedene Lernstile pflegen 173
Unterschiedliche Kategorien von Lernstilen 174
Der kinästhetisch-taktile Stil 175
Der digitale und der analoge Denk- und Lernstil 176

18. Dranbleiben und sich weiterbringen 179
Mit den Geschichten weiterfahren 180
Aufenthalte im Sprachgebiet nutzen 181
Die Kenntnisse weiterpflegen 183

Dank 187

Anhang 189
Weiterführende Literatur und Anmerkungen 190
Stichwortverzeichnis 193

*Für Karl,
in Liebe und in Dankbarkeit*

■ ■ ■ **VORWORT**

Ein Buch übers Sprachenlernen – warum und für wen?

Dieses Buch ist das vierte, das ich übers Lernen schreibe, doch es ist das erste zum Thema Sprachenlernen. Warum ein solches Buch? Ganz einfach, um Sie zu inspirieren und Ihnen so richtig Lust darauf zu machen!

Keine Sorge, ich verwende keinen Fachjargon, denn der Text soll gut lesbar sein – ob Sie nun aus der Praxis oder von der Uni kommen, ob Sie 20 oder 70 sind oder ob Sie Englisch, Französisch, Spanisch oder Italienisch lernen wollen.

Um diese am häufigsten gelernten Sprachen geht es hier vor allem. Natürlich können Sie auch profitieren, wenn Sie sich an eine andere Sprache wagen und Schwedisch, Russisch oder Chinesisch lernen. Die grundlegenden Prinzipien des Lernens und des Memorierens sind dieselben.

Der Traum vom mühelosen Lernen
Hat mich in den letzten Jahren jemand gefragt, was ich beruflich mache, habe ich jeweils mein Buchprojekt zum Thema Sprachenlernen erwähnt. Darauf gab es zwei Arten von Reaktionen: Einige meinten, ich müsse in diesem Fall wohl ein Sprachgenie sein und viele Sprachen sprechen, während andere vom mühelosen Lernen träumen und wissen wollten, ob es etwas Neues, sozusagen die ultimative Methode für spielend leichtes Lernen, gebe.

Weder das eine noch das andere trifft zu.

Meine Sprachbegabung bewegt sich im Mittelfeld, und dazu bin ich eine Spätzünderin: Erst als 30-Jährige, bei der Vorbereitung auf das *Certificate of Proficiency in English*, habe ich gemerkt, dass das Sprachenlernen auch Freude machen kann. In der Folge habe ich mich auch noch mit anderen Sprachen befasst. So richtig gepackt hat es mich dann aber, als ich mit dem Recherchieren im Hinblick auf dieses Buch begann. Neben der Lektüre begann ich nämlich, sowohl mit neuen als auch mit bewährten Lernmethoden zu experimentieren und die wirkungsvollsten Herangehensweisen auszuprobieren. Ich wollte wissen, ob und wie sich mithilfe von moderner Technologie, von Smartphone, PC und Internet, das Sprachenlernen erleichtern lässt. Dies machte grossen Spass.

Das Fazit: Die eine, ultimative Methode für müheloses Sprachenlernen gibt es auch im Zeitalter der modernen Medien nicht. Aber es gibt zahlreiche äusserst nützliche Anwendungen, die Erleichterung bringen. Um jedoch die Konjugation der unregelmässigen Verben zu beherrschen, um sich schwierige Wörter einzuprägen und um ein gutes Sprachniveau zu erreichen, braucht es trotzdem einiges an Power.

Lern-Know-how gibt Power
Solche Power können Sie schon mal gewinnen, wenn Sie Ihr Lern-Know-how ausbauen und besser wissen, worauf es beim Lernen ankommt. Ich werde Ihnen eine Reihe starker Methoden aufzeigen, die – sofern richtig angewandt – äusserst wirkungsvoll sind. Es werden dabei sowohl moderne Medien als auch herkömmliche Materialien zum Einsatz kommen. Dabei können Sie nicht nur sprachlich Fortschritte erzielen, sondern auch Ihre Lernkünste erweitern.

Wie Sie das Lernen angehen, welche Methoden Sie wann und wie einsetzen, hängt von Ihren Zielen und dem sprachlichen Niveau ab. Das Buch ist deshalb in drei Teile gegliedert:

Teil I: Vergessenes auffrischen
Teil II: Die Kenntnisse erweitern und vertiefen
Teil III: Sich an eine neue Sprache wagen

Das Auffrischen früher erworbener Sprachkenntnisse kommt also zuerst. Gleich drei Gründe sprechen dafür, damit zu beginnen.

Erstens ist es hilfreich, schlummerndes Wissen wieder zu aktivieren, bevor man es erweitern und vertiefen will. Der zweite Grund ist, dass beim Auffrischen nicht viel Neues kommt und dies die beste Gelegenheit ist, schon mal neue Medien und Methoden auszuprobieren und so mehr Schwung in die Sache zu bringen. Als Drittes kommt dazu, dass das Auffrischen vergleichsweise einfach ist und deshalb am ehesten autonom angegangen werden kann. Diese Autonomie ist ein weiterer Powerpunkt.

Zusätzliche Power durch Autonomie
Sie können diese Power spüren, sobald Sie das Ruder selbst in die Hand nehmen und sich für Ihr Lernen voll und ganz verantwortlich fühlen. Als

autonomer Geist lernen Sie bedeutend bewusster und können sowohl vom Selbststudium als auch von Kursen und anderen Möglichkeiten mehr profitieren.

Doch so, wie man als junger Mensch erst nach dem Auszug aus dem Elternhaus so richtig selbständig wird, kommt man erst auf eine autonomere Lernhaltung, wenn man eine Weile in Eigenregie agiert. Hier bietet sich das Auffrischen an. Wenn Sie dabei auf den Geschmack der Autonomie gekommen sind, lässt sich das ganze Sprachenlernen selbstbestimmter gestalten. Dieses Buch soll Ihnen dabei helfen.

Das Einzige, was Sie für die Lektüre brauchen, sind Neugier und Offenheit. Sie sollen Lust bekommen, beim Lernen neue Methoden auszuprobieren, damit zu spielen und zu experimentieren und Ihr persönliches Repertoire an Lern-Know-how auszuweiten. So macht das Lernen Spass und bringt auch mehr Erfolg.

Doch das ist längst nicht das Ende. Denn eine Sprache lernen heisst auch, die Fühler auszustrecken, Menschen kennenzulernen, Kontakte zu pflegen und neue Welten und Kulturen zu entdecken.

Ich wünsche Ihnen *a great journey* und *buon viaggio!*

Verena Steiner
Oktober 2014

Teil I: Vergessenes auffrischen

1. Auf ins Abenteuer	15
2. Für reichlich Input sorgen	25
3. Das Lernen organisieren	30
4. Das Auffrischen aktiv angehen	37
5. Frust in Lust verwandeln	53
6. Klug repetieren	61

Wollten Sie nicht schon seit Langem Ihr Englisch reaktivieren? Ihre Kenntnisse in Spanisch neu beleben? Oder frischen Wind ins Französisch aus der Schulzeit bringen? Beginnen Sie jetzt! Dieser Teil über das Auffrischen wird Sie dabei begleiten.

Auch wenn Sie eine Sprache bereits regelmässig gebrauchen, aber in Sachen Grammatik Nachholbedarf haben, können Sie von diesem ersten Teil profitieren. Ebenso, wenn Sie nach einem Sprachkurs oder nach einem Auslandaufenthalt dranbleiben und das Gelernte weiter festigen wollen.

Die Kapitel sollen Sie zum Lernen motivieren und Ihnen wirkungsvolle Methoden näherbringen. Ich möchte Sie zudem ermuntern, das Auffrischen in eigener Regie anzupacken und es fürs Erste ohne Kursbesuch zu probieren. So lässt sich Vergessenes gezielter aktivieren, Sie können massgeschneidert Lücken schliessen und den Grundwortschatz sowie die wichtigsten Grammatikregeln nach eigenem Gutdünken aufpolieren. Sie werden dieses autonome Handeln bald spannend finden und spürbar an Energie, Lust und Lernmotivation gewinnen.

I ■ ■ ■ VERGESSENES AUFFRISCHEN

1. Auf ins Abenteuer

Angenommen, Sie hätten Gelegenheit für eine Auszeit und möchten diese nutzen, um Ihre Sprachkenntnisse maximal aufzufrischen und rasche Fortschritte zu erzielen. Wie würden Sie das Vorhaben anpacken?

Spontan würden wohl manche auf eine intensive Schulung und auf Privatstunden setzen. Das tat kürzlich auch Nationalrat R. Noser, der ein Jahr in der Romandie verbrachte und dabei seine Französischkenntnisse verbessern wollte. Darüber berichtete er in einem Magazin Folgendes:[1]

Nun sass ich also einem Lehrer gegenüber, sechs Stunden pro Tag, fünf Tage in der Woche, drei Monate lang, und versuchte zu lernen. Ich kann allen versichern: Für einen fast 50-Jährigen ist das eine ziemliche Herausforderung. Im November musste ich mit dem Unterricht aufhören. Ich hatte das Gefühl, nichts mehr lernen zu können, und hatte mehr als genug von der Schule. Drei Monate lang alle 30 Sekunden einen Fehler zu machen und dann korrigiert zu werden und dann den gleichen Fehler mindestens noch zehnmal zu machen, führt zu negativen Emotionen gegen sich selber und sogar gegen den besten Lehrer der Welt. Es ist aber nicht so, dass ich nichts gelernt hätte. Ich weiss recht viel und kann das Wissen auch anwenden, wenn ich für einen Satz fünf Minuten Zeit habe, aber automatisch läuft da gar nichts.

An diesem Erfahrungsbericht sind verschiedene Dinge bemerkenswert. Zum einen der Mut des Autors, sein Fiasko mit dem Französischlernen publik zu machen. Ich nehme an, dass er als Unternehmer weiss, dass längst nicht alle Vorhaben erfolgreich sind und dass nicht immer alles nach Wunsch gelingt, wenn man etwas Neues ausprobiert. Deshalb kann er auch über Misserfolge sprechen, ohne zu befürchten, dabei das Gesicht zu verlieren. Zum andern behält er trotz allem eine positive Einstellung und meint, es sei nicht so, dass er nichts gelernt habe.

Mythen hinterfragen

Warum hat Nationalrat Nosers Vorgehensweise nicht funktioniert? Mir scheint, es seien falsche Annahmen im Spiel gewesen. Lassen Sie uns diese hinterfragen.

Mythos Nr. 1: Es braucht zum Sprachenlernen einen Lehrer, eine Lehrerin.
Hinter diesem Mythos steht die Illusion, dass uns gute Lehrer vor Schwierigkeiten bewahren können und dass das Lernen weniger anstrengend ist. Doch leider kann uns auch die allerbeste Lehrkraft das Lernen, Memorieren und Üben nicht abnehmen. Wir müssen es selbst tun.

Lehrerinnen und Lehrer können zwar motivieren, korrigieren und interessante Stunden organisieren. Sie können uns Dinge wie den Gebrauch des *imparfait* oder den korrekten Einsatz von *marcher* erklären. Doch Moment mal: Wäre es nicht bedeutend spannender, selbst herauszufinden, wann das *imparfait* zwingend ist? Oder zu beobachten, in welchen Situationen die Franzosen das Wort *marcher* gebrauchen? Es erst einmal in eigener Regie zu versuchen und sich sozusagen per Fahrrad auf den Weg zu machen, statt eine geführte Reise im klimatisierten Bus zu buchen?

Mythos Nr. 2: Je mehr Lektionen man belegt, desto mehr lernt man.
Um von Kurslektionen maximal zu profitieren und sich das Wesentliche anzueignen, ist ein Vielfaches an Nachbearbeitungszeit vonnöten. Je intensiver ein Kurs, desto mehr Bearbeitungszeit braucht es. Die Autoren

Gethin und Gunnemark empfehlen für einen Intensivkurs mindestens fünf Stunden Nachbearbeitung pro Lektion.[2] Das heisst, dass eine oder zwei Stunden Unterricht pro Tag ausreichend sind.

Mythos Nr. 3: Man lernt eine Sprache am besten durch Kommunikation.
Bei kleineren Kindern im Umfeld der Zielsprache trifft dies zu. In der natürlichen Sprachumgebung lernen sie ganz mühelos eine zweite oder dritte Sprache – je mehr man mit ihnen spricht, desto schneller geht es. Sie imitieren und probieren und erwerben dabei sowohl Wortschatz als auch Grammatik implizit, also unbewusst.

Ganz anders ist die Situation bei Jugendlichen und Erwachsenen. Das implizite, passive Lernen geht zurück. Als Erwachsene müssen wir uns das meiste explizit aneignen. Das heisst, ganz bewusst Wörter memorieren oder die Konjugation unregelmässiger Verben üben.

Durch häufige Kommunikation in der Zielsprache sprechen wir mit der Zeit zwar flüssiger. Aber abgesehen davon lernt man nicht allzu viel dazu. In der Hitze des spontanen Gesprächs kommen einem oft nur die rudimentärsten Begriffe in den Sinn. Es sei denn, man achtet ganz bewusst auf die Erweiterung der Kenntnisse und bereitet wichtige Gesprächssituationen vor. Um spürbare Fortschritte zu erzielen, kommen Erwachsene um explizites Lernen nicht herum. Es gilt das Motto: *Learn at home and go out to speak.*

Vielleicht sind Sie nach der Lektüre der kleinen Geschichte des Nationalrats ganz froh, dass Sie das Auffrischen zunächst in eigener Regie angehen können. Ihre Kenntnisse von früher sollen dabei reaktiviert, verbessert und gefestigt werden – und zwar so effizient und dauerhaft wie möglich. So schaffen Sie eine stabile Basis, um anschliessend zum Beispiel einen weiterführenden Kurs zu belegen, sich mit einer Tandempartnerin zusammenzutun (siehe Seite 86) oder die Kenntnisse bei der Arbeit oder auf Reisen spontan anzuwenden.

Sie werden sehen, das autonome Auffrischen ist ein veritables Abenteuer. Zumindest dann, wenn Sie bereit sind, eine gewisse Anstrengung auf sich zu nehmen und etwas Neues auszuprobieren. Dabei geht es einerseits darum, besser und nachhaltiger zu lernen, und anderseits darum, Ihre Palette an Lernmethoden auszubauen.

Auf autonomes Lernen setzen[3]

Zugegeben: In eigener Regie zu lernen, statt einen Kurs zu besuchen, verlangt Ungeübten einiges an Energie und Überwindung ab. Man hat keinen Lehrer, der die Lektionen vorbereitet, keine Lehrerin, die erklärt und motiviert; man muss alles im Alleingang tun. Man hat auch keine Klassenkameraden und muss selbst für ein Gegenüber sorgen, wenn man mit jemandem üben will.

Was spricht nun für das Lernen in eigener Regie? Sie können sich zum Beispiel folgende Freiheiten nehmen:

- Ihren Lehrplan selbst gestalten und inhaltlich tun und lassen, was Sie wollen
- in Ihrem eigenen Rhythmus vorwärts gehen – so rasch oder so langsam, wie es Ihnen passt
- Lernzeiten und -orte selbst bestimmen und damit flexibler sein
- ganz den eigenen Interessen folgen und sowohl Inhalte als auch Material selbst auswählen
- selbst entscheiden, welche Aufgaben und Übungen Sie machen

Auch auf Korrektur, Kommunikation und Austausch müssen Sie beim autonomen Lernen nicht verzichten. Sobald Sie sich mit Muttersprachlern zum Tandem zusammentun (siehe Seite 86), können Sie sogar bessere Lern- und Gesprächspartner haben als in einer Klasse.

«Was will ich?»
«Was will ich?» Das ist die Kernfrage, wenn Sie das Lernen autonom angehen möchten. Sie hilft im Grossen wie im Kleinen, das heisst, auf lange Sicht wie auch für kurze Lernmomente:

- Mit «Was will ich?» klären Sie einerseits Ihre langfristigen Ziele und Träume. Zum Beispiel, dass Sie in zwei Jahren die Sprache auf Niveau B2 beherrschen wollen oder dass Sie im nächsten Sommer einen Ferienkurs besuchen und beim Eintrittstest ein gutes Niveau A2 erreichen möchten. Oder dass Sie in Vorbereitung auf Ihren nächsten Karriereschritt problemlos Vorträge auf Englisch halten und mit Geschäftspartnern aus der Sprachregion flüssig kommunizieren können. Oder dass Sie es bis zum 70. Geburtstag schaffen, die literarischen Klassiker auch in der Originalsprache zu verstehen.

- «Was will ich?» überlegen Sie auch, wenn Sie Ihr Lernprojekt für die kommenden drei Monate planen (siehe Kapitel 3, «Das Lernen organisieren», Seite 30).
- «Was will ich?» fragen Sie zudem vor jeder einzelnen Lernsession. Selbst wenn Sie bloss eine Viertelstunde zum Üben zur Verfügung haben: Beginnen Sie erst dann, wenn Sie sich im Klaren darüber sind, was Sie eigentlich lernen und wie Sie es angehen wollen.

Bedenken Sie: Unser Hirn liebt klare Absichten und Anweisungen. Je konkreter Ihr Hirn weiss, worauf es fokussieren und was es tun und erreichen soll, desto grösser ist die Lernwirkung.

NIVEAUSTUFEN

Beschreibungen der sechs Niveaustufen (A1/A2, B1/B2, C1/C2) nach dem vom Europarat herausgegebenen Referenzrahmen lassen sich unter den Suchbegriffen «niveaustufen sprachenportfolio» im Internet finden.

Der Schwungrad-Effekt

Genauso wie beim Musizieren, beim Yoga oder Joggen ist auch beim autonomen Lernen manche Wirkung erst spürbar, wenn man es regelmässig macht. Wer bloss von aussen zusieht, kann vieles nicht erkennen. Erst wenn Sie es tatsächlich tun, wenn Sie das Steuer selbst in die Hand nehmen, merken Sie, dass die selbstbestimmte Herangehensweise noch viel mehr bewirken kann:

- Wie nach dem Auszug aus dem Elternhaus nehmen Sie Ihre Eigenverantwortung besser wahr und packen mehr aus eigenem Antrieb an.
- Je mehr Sie aus eigenem Antrieb tun, desto stärker werden Ihre innere Motivation und das Selbstvertrauen.
- Mit stärkerer Motivation und mehr Selbstvertrauen wird es immer leichter, eine Sache aus eigenem Antrieb anzupacken.

Das Ganze ist ein sich selbst verstärkender Zyklus. Sie können den Effekt wie bei einem Schwungrad spüren: Zu Beginn braucht es viel Energie, um den schweren Rotor überhaupt anzustossen und zu bewegen. Mit jedem Schub geht es etwas leichter. Ist das Rad erst einmal schön im Schwung, braucht es praktisch keinen Anstoss mehr – das heisst, das Lernen geht dann wie von selbst.[4]

Doch damit nicht genug: Mit dem steigenden Vertrauen in das eigene Können und mit dem Schwung wächst oft auch die Lust, die Grenzen auszuweiten und weitere Anstrengungen auf sich zu nehmen; zum Beispiel, die Kenntnisse auszubauen oder sich an eine weitere Sprache zu wagen.

Die ersten Schritte tun

Wollen Sie versuchen, das Auffrischen Ihrer Kenntnisse autonom anzupacken? Die Chancen stehen gut, dass Sie es schaffen, denn dieses Buch ist auf das autonome Lernen zugeschnitten. Zwar braucht es für selbstbestimmtes Lernen immer wieder Eigeninitiative. Sie können jedoch vom Schwungrad-Effekt profitieren. Lassen Sie sich deshalb getrost auf das Abenteuer ein. Wenn Sie dafür offen sind, lassen Überraschungen und Erfolge nicht lange auf sich warten!

Das Auffrisch-Abenteuer beginnt mit einer Anwärmzeit von zwei, drei Wochen. Besorgen Sie in dieser Vorbereitungszeit die Lehrmittel (siehe nebenan) und machen Sie sich auf möglichst spielerische Art und Weise mit dem Material vertraut. Tauchen Sie durch Hören und Lesen schon mal in die Sprache ein (siehe Kapitel 2, «Für reichlich Input sorgen», Seite 25). So steigern Sie bis zum eigentlichen Beginn Ihres Auffrischprojekts die Motivation. Vermeiden Sie dabei, sich unter Druck zu setzen und zu meinen, dass Sie gleich schon alles aktiv lernen müssten. In Kapitel 3, «Das Lernen organisieren», stelle ich Ihnen das Grundkonzept für ein Lernprogramm vor. Es soll Ihnen als Orientierungsrahmen dienen, damit Sie Ihr eigenes Programm zusammenstellen können. Wenn dieses steht, gilt es ernst, und das aktive Lernen kann beginnen.

So steigen Sie ein

Unternehmen Sie zunächst Folgendes:
- Machen Sie das, was auch bei einem Kursbesuch als Erstes kommt und für das weitere Vorgehen unbedingt nötig ist: Klären Sie ab, auf welcher Niveaustufe (A1 bis C2 nach dem europäischen Referenzrahmen) Sie sich bewegen. Einstufungstests finden Sie im Internet, zum Beispiel mit den Suchbegriffen «niveaustufen test englisch».
- Schmökern Sie dann nach Lust und Laune im Lernmaterial, das es auf Ihrem Niveau gibt: Suchen Sie im Internet und in der Bibliothek und scheuen Sie die Mühe nicht, eine Sprachbuchhandlung aufzusuchen. Sehen Sie sich Lehr- und Arbeitsbücher, Hörkurse sowie *Easy Readers* (vereinfachte Hör- und Lesetexte) an.
- Beschaffen Sie sich als Erstes einen Lernkrimi, z. B. www.lernkrimi.de, oder einen andern *Easy Reader*, z. B. www.blackcat-cideb.com – und zwar eine Version mit Audio-CD oder Download (siehe Box Seite 23).
- Lesen Sie die Story nicht nur, sondern hören Sie sich diese auch öfter an, indem Sie mithilfe einer Wiedergabeliste (*playlist*) die einzelnen Tracks wiederholen.
- Besorgen Sie dann die übrigen Materialien.

FÜR ÄLTERE SEMESTER
Falls Sie kein Smartphone, Tablet oder andern MP3-/MP4-Player besitzen, ist es jetzt von Vorteil, diese Anschaffung zu tätigen und die Audiofiles und -CDs auf Ihr Gerät zu laden. So können Sie überall und jederzeit in Ihre Zielsprache eintauchen und sich die Sprache so oft wie möglich via Ohr zu Gemüte führen. Dies können Sie zwar mit einem portablen CD-Player auch. Der springende Punkt ist jedoch, dass Sie mit einem moderneren Gerät auch Wiedergabelisten erstellen können. Dies erlaubt Ihnen, die einzelnen Tracks beliebig oft und in beliebiger Reihenfolge zu hören.

Geeignetes Material besorgen

Das erste Highlight beim autonomen Herangehen ist der Kauf geeigneten Materials, denn dieses können Sie ganz nach Ihrem Gutdünken wählen. Sie haben höchstens die Qual der Wahl.

Wichtig ist, dass das Lernmaterial Ihrem Sprachniveau entspricht. Zum Auffrischen benötigen Sie Unterlagen, die bis zu Ihrer Stufe führen und punkto Grammatik eher darunter als darüber liegen. Widerstehen Sie der

Versuchung, bereits Material zu kaufen, das Sie später in der Ausbau- und Vertiefungsphase benötigen. Sie sollen sich auch später nochmals die Freude an etwas Neuem gönnen können.

Am besten suchen Sie das passende Material in einer grossen Buchhandlung. Die Wahl via Internet zu treffen, kann nämlich ziemlich mühsam sein. Die Niveaustufen sind selten angegeben und lassen sich oft nur durch zeitraubende Suche auf den Websites der Verlage eruieren. Dazu kommt, dass der «Blick ins Buch» bisweilen fehlt oder zu wenig Information hergibt. Dies kann einem die Freude am Selbst-auswählen-Können gänzlich nehmen.

HINWEIS *Weil Sie kein Geld für einen Kurs ausgeben, müssen Sie beim Material nicht allzu sehr sparen. Bedenken Sie: Ein einsemestriger Sprachkurs à 19 Wochen mit einer wöchentlichen Doppelstunde kommt Sie auf rund 500 Franken oder mehr zu stehen. Mit dem gesparten Geld können Sie umso grosszügiger auf Einkaufstour gehen!*

Die Materialien müssen übrigens nicht alle neusten Datums sein. Es gibt 50-jährige Lehrbücher, die genauso gut sind wie manche aktuellen Werke. Sie enthalten eher Übersetzungsübungen oder witzige Geschichten, die zugleich den Kontext für ein Grammatikthema bilden. Für das Auffrischen benötigen Sie vorerst Folgendes:

- **Lehr- und Arbeitsbücher.** Das ideale Werk gibt es nicht. Beschaffen Sie sich deshalb zu Ihrem Buch, das Sie vielleicht noch von früher besitzen, ein oder zwei aktuelle Exemplare. Die Bücher sollten die grammatikalischen Grundlagen bis hin zu Ihrer Niveaustufe sowie Übungen mit Lösungsschlüssel enthalten. Des Weiteren sind sowohl Geschichten als auch Dialoge wünschenswert; ebenso zum Werk gehörende Audio-CDs, übersichtlich dargestellte Grammatikregeln sowie zweisprachige Wörterlisten und ebensolche Texte.
- **Hörkurs.** Falls Sie noch keine Erfahrung mit Hörkursen haben, sollten Sie unbedingt einen ausprobieren! Er muss aber zu Ihrer Niveaustufe passen. Achten Sie auch auf den Preis, denn bei den Audiokursen sind die Unterschiede oft gross. Ein höherer Preis bedeutet jedoch nicht automatisch, dass Inhalt und Qualität besser sind.

I ■■■ VERGESSENES AUFFRISCHEN

- ***Easy Readers* und andere graduierte Texte.** Solche auf ein bestimmtes Sprachniveau zugeschnittenen – eben «graduierten» – Geschichten finden Sie von Niveau A1 bis C1 (siehe Box). Fürs Auffrischen benötigen Sie Texte, die Sie zu 98 bis 99 Prozent verstehen. Das heisst, dass Sie nur in etwa jeder fünften bis zehnten Zeile auf ein völlig unbekanntes Wort stossen sollten. Greifen Sie nicht mit schwierigeren Texten vor, denn diese sollen in der Phase des Vertiefens zum Zuge kommen.

> **EASY READERS UND ANDERE VEREINFACHTE TEXTE FINDEN**
> Solche Geschichten findet man von Niveau A1 bis C1 z. B. unter www.blackcat-cideb.com, www.lernkrimi.de, www.hueber.de, www.langenscheidt.de oder www.klett.de.
> Englische *Easy Readers* gibt es zudem in guter Auswahl unter www.penguinreaders.com, französische Texte unter www.hachette.com, spanische Texte unter www.difusion.com und italienische Texte unter www.almaedizioni.it. ■

- **Audioversionen von *Easy Readers*.** Suchen Sie auch gezielt nach *Easy Readers* mit Audioversion (siehe Box), denn dieselben Geschichten zu lesen und zu hören verstärkt den Lerneffekt. Kaufen Sie solche Materialien grosszügig ein!

> **AUDIOVERSIONEN VON *EASY READERS* FINDEN**
> Manche Verlage bieten nur vereinzelt Audioversionen ihrer *Easy Readers* an. Unter folgenden Adressen werden Sie eher fündig: www.blackcat-cideb.com (für Deutsch, Französisch, Englisch, Spanisch und Italienisch), www.difusion.com (für Spanisch) und www.almaedizioni.it (für Italienisch). Auf den Websites dieser Verlage gibt es auch Hörproben. Hörproben sowie Downloads sind zudem unter www.audible.de oder www.audible.com erhältlich. ■

- **Podcasts.** Podcasts mit dem richtigen Sprachniveau zu finden, ist noch etwas zeitraubender als die Suche nach Audioversionen von *Easy Readers*. Wenn Sie dranbleiben, werden Sie jedoch auf nützliche Apps und

Downloads stossen und bei manchen den Text auch ausdrucken können. Auf das Niveau A2/B1 zugeschnitten sind zum Beispiel die Podcasts auf www.podclub.ch.

- **Wörterbücher.** Online-Wörterbücher wie www.leo.org erleichtern das Nachschlagen schon mal ungemein. Anders als in gedruckten Ausgaben lassen sich bei elektronischen Wörterbüchern die Verben nicht nur in der Grundform, sondern in jeder beliebigen flektierten Form nachschlagen. Des Weiteren kann man bei jedem Verb auf die Flexionstabelle schalten. Diese Funktionen bieten die taschenrechnergrossen Sprachcomputer (zum Beispiel von Franklin) ebenfalls. Die kleinen Wunderwerke haben zusätzliche nützliche Funktionen und zeigen zum Beispiel beim Nachsehen eines Wortes auch gleich noch typische Redewendungen an.
- **Grund- und Aufbauwortschatz.** Um einen guten Überblick zu haben, kaufen Sie am besten einen aktuellen Grund- und Aufbauwortschatz in Buchform. Als Ergänzung können Audioversionen, Kärtchen oder Vokabeltrainer-Apps nützlich sein. Wenn Sie gerne in Büchern blättern, sagt Ihnen wohl auch ein Bildwörterbuch zu. Ansonsten finden Sie solche visuellen Wörterbücher auch als Online-Version im Internet.

Die Vielfalt Ihrer Unterlagen soll Ihnen Freude machen und Sie wie Spielzeug oder Bastelmaterial anregen, sich damit zu beschäftigen. Sollte die Motivation einmal sinken, haben Sie zudem bei reichlich Material genügend Auswahl, um für Abwechslung zu sorgen und sich mit etwas Neuem zu befassen.

ZUR SELBSTREFLEXION
- Ist mir klar, warum sich beim Material die Mühe des Suchens lohnt?
- Was bringt mir der Hör-Input, wenn ich eher ein visueller Typ bin und die Wörter sehen muss, damit ich sie behalten kann? (Siehe Kapitel 17, «Verschiedene Lernstile pflegen», Seite 173)
- Kann ich mir vorstellen, warum gleich mehrere Lehrbücher zum Zuge kommen sollen? (Siehe Seite 39)

2. Für reichlich Input sorgen

Beim Materialeinkauf haben Sie wahrscheinlich gemerkt, was ein autonomes Unterfangen so reizvoll macht: Man muss zwar selbst aktiv werden, doch man stösst dabei auf Neues und wird immer wieder überrascht.

Die Entdeckungen, die man dabei macht, sind bisweilen wahre Augenöffner. Dies werden Sie auch im Folgenden erleben, wenn es darum geht, die eingerosteten Kenntnisse schon mal durch reichlich Input, das heisst durch Hören und Lesen, ein Stück weit zu reaktivieren.

Die grosse Hürde, aber gleichzeitig auch die grosse Entdeckung, ist der intensive Hör-Input. Wenn Sie bloss die Kurzsequenzen von Lehrbuch-CDs kennen, werden Sie davon nicht begeistert sein. Begreiflich, denn mit solchem Material gleicht das Hören eher einem Muss denn einem Vergnügen. Deshalb werden Sie sich vor allem Geschichten anhören, nämlich die *Easy Readers* und Lernkrimis, die Sie sowohl in der Printversion wie auch als Audiodatei erworben haben.

«Ich bin aber ein visueller Typ und muss die Wörter sehen, damit ich sie mir merken kann», werden Sie vielleicht einwenden. Das mag sein, und aus diesem Grund werden Sie auch noch die Texte lesen. Doch selbst wenn Ihr auditives Gedächtnis zu wünschen übrig lässt und Sie denken, Sie hätten kein Ohr für fremde Sprachen: So lange Ihre Ohren hören können, sollten Sie sie beim Sprachenlernen auch gebrauchen!

Sich vermehrt Hör-Input verschaffen

Mit vermehrtem Hör-Input ist tägliches Hören gemeint. Selbst für Vielbeschäftigte gibt es genügend Gelegenheiten, täglich in die Sprache reinzuhören. Denn der Input via Ohr kann bestens nebenbei erfolgen – auf dem Weg ins Büro, bei der Hausarbeit, beim Joggen, im Fitnesszentrum und sogar im Supermarkt. Dabei wird längst nicht immer totale Konzentration verlangt. Die Skala reicht von Sich-berieseln-lassen über gelegentliche Aufmerksamkeit bis hin zum Hören mit voller Konzentration. Was bringt derartiges Hören für das Auffrischen?

- Durch häufiges Hören wird die natürliche Sprachumgebung ein Stück weit simuliert,[5] und Ihr Gehör lernt, sich auf den Klang der Zielsprache einzustellen.
- Das Ohr wird mehr und mehr trainiert, und Sie verstehen auch rasch Gesprochenes.
- Nach wiederholtem Hören klingen die Wörter und Sätze nach, und Sie hören sie beim Lesen des Textes auch innerlich.
- Eine Stimme zu hören, berührt emotional bedeutend stärker als das Lesen, was sich positiv sowohl auf das Lernen wie auch auf die Motivation auswirkt.
- Das Vokabular wird reaktiviert, wenn auch vorerst auf passive Weise. Selbst schwierige Wörter und Wendungen werden Ihnen bei wiederholtem Hören immer vertrauter werden, und Sie können sie dadurch auch besser memorieren.
- Durch Imitieren und Nachsprechen des Gehörten lässt sich der Übergang vom stummen Lernen zum Sprechen erleichtern (siehe Seite 153).

Die Möglichkeit, dank elektronischer Geräte wie MP3-/MP4-Player, Smartphones oder Tablets jederzeit und überall in die Zielsprache einzutauchen, existiert noch nicht sehr lange. Wenn Sie diese Möglichkeit nutzen, wird es Ihr Sprachenlernen revolutionieren, denn Sie werden eine ganz neue Lerndimension entdecken.

FÜR ÄLTERE SEMESTER
Das Gehör verschlechtert sich mit zunehmendem Alter. Nutzen Sie zum Hören stets Ohrstöpsel oder Kopfhörer, so geht der Klang direkt ins Ohr. Sie sind näher dran und können das Gesprochene differenzierter wahrnehmen.

So gehen Sie vor

Für effizientes Auffrischen benötigen Sie Audiomaterial, das Ihrem Sprachniveau entspricht. Wichtig ist ausserdem, dass Sie das Gehörte nachlesen und nachbearbeiten können. Deshalb sollten Sie wenn möglich auch über eine Printversion verfügen. Vergessen Sie zudem nicht, eine Hörprobe zu machen (siehe Box Seite 23). Nicht nur die Sprechstimme soll Ihnen sympathisch sein; der Text soll auch lebendig vorgelesen werden.

Zum Auffrisch-Programm gehören unterschiedliche Kategorien von Hörmaterial:
- Audioversionen von *Easy Readers* und anderen Geschichten auf Ihrem Sprachniveau
- Lektionen von Hörkursen, niveaugerechte Podcasts sowie das Audiomaterial aus den Lehrbüchern
- Audio-Wortschatztraining

Legen Sie während der Aufwärmzeit den Schwerpunkt auf die erste Kategorie. Hören Sie sich dieselben Geschichten immer und immer wieder an – so, wie Sie es als Kind mit Ihren Kassetten taten – und lesen Sie auch die Textversion.

Besonders hilfreich ist es, wenn Sie auf Ihrem Abspielgerät Wiedergabelisten *(playlists)* erstellen. So können Sie die Tracks beliebig oft wiederholen und Übungen, die Sie nicht mögen, weglassen. Wenn Sie Listen von etwa einer Stunde Laufzeit programmieren, ersparen Sie sich ständiges Hantieren.

Nehmen Sie sich auch schon ab und zu die übrigen Audiomaterialien vor. Hören Sie rein und entscheiden Sie, was Sie später aktiv nutzen wollen.

Versuchen Sie bereits in der Aufwärmzeit, sich den täglichen Hör-Input zur guten Gewohnheit zu machen. Gehen Sie nie ohne Ihr Abspielgerät aus dem Haus und vergessen Sie auch in Ihren vier Wänden nicht, den Knopf ins Ohr zu stecken.

Sie werden sehen: Während des Einkaufs das erste Kapitel des Lernkrimis dreimal zu hören oder im Fitnesszentrum viermal den Wortschatz zum Thema «Tiere» zu repetieren, kann plötzlich spannend sein. Auch wenn es bloss zehn Minuten sind: Der tägliche Hör-Input wird Ihnen jedes Mal neuen Schub verleihen und Ihnen helfen, mit Ihrem Sprachprojekt voranzukommen.

ZUR SELBSTREFLEXION
1. Bei welchen Aktivitäten will ich es mit dem täglichen Hör-Input versuchen?
2. Habe ich für genügend geeignetes Audiomaterial gesorgt?
3. Kann ich mir vorstellen, dass sich die auditiven Fähigkeiten entwickeln lassen?

Das Vokabular durch Lesen reaktivieren

In der Anwärmzeit geht es vor allem darum, Material und Medien bereitzustellen und genügend Motivation aufzubauen. Wenn Sie mit dem Hör-Input begonnen haben, klingt die Zielsprache bereits etwas im Ohr, und Sie verspüren vielleicht Lust auf mehr. Mit einem kräftigen Input via Lesen können Sie der Motivation zusätzlichen Schub verleihen und den Wortschatz weiter aktivieren.

Achten Sie dabei ganz besonders auf diejenigen Wörter und Wendungen, die es aufzufrischen gilt. Sie sind wie alte Bekannte, deren Namen Sie vergessen haben. Zu Beginn werden Sie sie oft nur im Satzzusammenhang verstehen. Am Ende sollen Sie sie aber in jeder Situation nicht nur verstehen, sondern auch anwenden können.

Bis es so weit ist, braucht es unzählige Lern- und Leserunden. Allein schon für gute passive Kenntnisse muss man mehrmals auf die Wörter stossen und sie in unterschiedlichen Zusammenhängen sehen. Auch dafür sind die *Easy Readers* gut: Wegen des begrenzten Wortschatzes werden Sie den Ausdrücken öfter begegnen. Und durch die Lektüre von mehreren Bänden werden Sie auch auf die meisten Wörter, die zum Grundwortschatz gehören, mindestens einmal oder auch wiederholte Male treffen.

Unterschiedliche Leserunden

Das Vokabular reaktivieren heisst fürs Erste, die Wörter aus den Tiefen des Gedächtnisses wieder an die Oberfläche zu holen, sie sich erneut ins Bewusstsein zu bringen und sie zu verstehen – in welchem Zusammenhang auch immer.

Um dies zu erreichen, können Sie zum Beispiel in folgenden Runden vorgehen:
- die ganze Geschichte lesen, ohne Wörter nachzuschlagen (Fokus auf Grobverständnis des Inhalts)

- sich beim Lesen die Personen und ihre Handlungen möglichst lebhaft vorstellen (Fokus auf Visualisierung)
- auf unbekannte Wörter achten, sie mit einem gelben Leuchtstift markieren, versuchen, den Sinn zu erraten, dann nachsehen und die deutsche Entsprechung dazuschreiben (Fokus auf unbekannten Wörtern)
- neben den Wörtern auch ganz bewusst auf typische Wendungen und Sätze achten, die Sie am Ende aktiv beherrschen möchten (Fokus auf Sprachgebrauch)
- ein Auge auf die Verben und deren Zeitformen richten (Fokus auf Grammatik)

Nach mehreren solchen Runden sind die passiven Kenntnisse reaktiviert. Und wenn Sie wie beim Pilzesuchen ganz gezielt Ausschau nach Trouvaillen halten, wird es Ihnen auch nicht langweilig dabei. Nun sind Sie bereit für die grosse Herausforderung – das aktive Beherrschen.

ZUR SELBSTREFLEXION
1. Was bringt mir am meisten: eine Geschichte zuerst zu lesen, sie zuerst zu hören oder sie gleichzeitig zu lesen und zu hören?
2. Schaffe ich es, dieselbe Geschichte mehrmals zu lesen und dabei den Fokus jeweils auf einen ganz bestimmten Aspekt zu richten?
3. Kann ich mir vorstellen, warum man beim Auffrischen mit Vorteil auf vereinfachtes Sprachmaterial setzt? (Siehe folgendes Kapitel)

3. Das Lernen organisieren

Die ganz grosse Herausforderung beim autonomen Lernen ist der Antrieb.

«Wie kann ich mich ohne Kursbesuch und ohne Prüfungen zum regelmässigen Lernen überwinden?» Das haben Sie sich wohl auch schon gefragt – und Sie sind damit nicht allein. Im Interview, das zu Beginn meiner Sprachenlernkolumne erschien,[6] schnitt der Redaktor die Problematik ebenfalls an: «Der Erfolg hängt ja wahrscheinlich vor allem von der eigenen Disziplin ab. Was sollen Leute machen, die nicht so diszipliniert sind?»

Bei dieser Frage musste ich etwas schmunzeln, denn wer sich schlecht überwinden kann, meint oft, es gehe nur mit strikter Disziplin. Natürlich braucht es manchmal Willenskraft – aber weniger, als Ungeübte meinen. Denn autonome Lernerinnen und Lerner wissen zwei wichtige Ressourcen zu nutzen, die die Hürde wesentlich verkleinern: Erstens können sie sich genügend stark motivieren und den Schwungrad-Effekt nutzen (siehe Seite 19), und zweitens haben sie ihr längerfristiges Ziel verinnerlicht (siehe Seite 18) und verstehen es, sich so zu organisieren, dass sie es auch erreichen können. Um diese Organisation geht es nun.

Sie werden sehen, wie Sie Zeit fürs Lernen schaffen und ein auf Sie zugeschnittenes Programm zusammenstellen können. Ob Sie früher Gelerntes auffrischen (Teil I), ob Sie Ihre Kenntnisse vertiefen (Teil II) oder ob Sie sich an eine neue Sprache wagen (Teil III): Ihr Programm soll Ihnen als Leitplanke dienen und Ihnen die Umsetzung Ihres Vorhabens erleichtern.

Zeit zum Lernen schaffen

«Woher soll ich bloss die Zeit zum Lernen nehmen?» Vielleicht kommt diese Frage bei Ihnen wie bei allen Vielbeschäftigten an erster Stelle. Nun, es müssen nicht immer Extrastunden sein; es gibt mehr Lerngelegenheiten, als Sie denken.

Unterschiedliche Lerngelegenheiten nutzen

Manche Lerngelegenheiten im Alltag eignen sich eher für passives Lernen wie Hören und Lesen; andere lassen sich für aktiveres Lernen nutzen:

- **Hörmomente.** Sie hören das Audiomaterial während der Arbeit in Haus und Garten, beim Walken, beim Einkauf oder vor dem Einschlafen. Hörmomente benötigen keine Extrazeit und lassen sich auch bei Vielbeschäftigten täglich einbauen. Probieren Sie aus, wie lange Sie hören mögen – ob zehn Minuten, eine Stunde oder den ganzen Tag.
- **Leer- und Randzeiten.** Fürs Lesen oder die Wortschatzarbeit lassen sich Leerzeiten in Bus oder Bahn, in einem Wartezimmer oder in der Mittagspause nutzen. Damit Ihnen in diesen Randzeiten trotzdem noch Freizeit bleibt, setzen Sie ein Zeitlimit. Auch am Abend, wenn der Kopf nicht mehr ganz frisch ist, können Sie sich noch in eine Geschichte oder TV-Sendung vertiefen, Wörter und Sätze auf Lernkärtchen schreiben oder Dinge memorieren und abfragen. Sie werden staunen, wie viel Wortschatzarbeit sich nur schon in einer Viertelstunde machen lässt. Selbst zwei, drei Minuten für die Repetition von ein paar Begriffen können wirkungsvoll sein.
- **Extrastunden für aktives Lernen.** Während dieser Stunden am Wochenende, am Morgen vor der Arbeit oder am Abend benötigen Sie Energie und einen wachen Geist. Denn in den Extrastunden geht es darum, sich ungestört in den Stoff zu vertiefen und ihn geistig zu verarbeiten. Es gilt, Begriffe zu klären, Grammatikregeln zu begreifen, nützliche Mustersätze zu formulieren und die Dinge auf vielfältige Art und Weise zu trainieren und einzuüben.

Bei Vielbeschäftigten sind die Extrastunden rar. Je klüger Sie jedoch die Hörmomente und die Leerzeiten nutzen, desto weniger Extrastunden benötigen Sie.

> **AM FEIERABEND ZU MÜDE FÜR EXTRASTUNDEN?**
> Falls Sie am Abend nach der Arbeit zu müde sind für eine Extrastunde, probieren Sie aus, ob Ihnen ein Schläfchen vor oder nach dem Abendessen etwas bringt. Es kann oft Wunder wirken. Benutzen Sie einen Timer, damit Sie rechtzeitig aufwachen. Das Nickerchen sollte höchstens 30 Minuten dauern, weil Sie sonst in den Tiefschlaf geraten und sich nachher müder fühlen als zuvor. ■

Für Regelmässigkeit und Rhythmus sorgen
Um dranzubleiben und ein Lernvorhaben umzusetzen, helfen Struktur und Regelmässigkeit. Die Basis bilden fixe Lerneinheiten im Tages- und Wochenverlauf. Ob solche Lernsessionen bloss einige Minuten oder einen ganzen Morgen dauern – sie sorgen für einen guten Rhythmus und sind Garanten für den Lernfortschritt. Denn wenn Sie verinnerlicht haben, dass der Dienstagabend und der Samstagmorgen dem Sprachenlernen gewidmet sind, dass Sie täglich für Hör-Input sorgen oder dass Sie abends nach dem Essen stets 15 Minuten Wörter abfragen, werden Sie in dieser Zeit nichts anderes tun und sich auch vor Ablenkungen schützen.

Der Vorteil, wenn Sie in diesem Rhythmus sind: Sie müssen sich nicht immer von Neuem entscheiden, ob und wann Sie sich dem Lernen widmen wollen – Sie tun es einfach. Sie haben Ihre Lernroutine und sparen mit den festgelegten Lerneinheiten beträchtlich an Willenskraft.[7] Dies ist ein wichtiger Punkt. Wenn Ihnen diese Minuten und Stunden für Ihre persönliche Weiterentwicklung hoch und heilig sind, hat auch das Aufschieben keine Chance. Sie können sich darauf verlassen, dass Sie samstags um 9 Uhr beginnen und nach spätestens fünf Minuten im Stoff drin sind.

Bei Vielbeschäftigten bewährt sich oft ein Mix aus fixen und flexiblen Lerneinheiten. So kann man auch Hörgelegenheiten spontan nutzen und von Leer- und Randzeiten besser profitieren.

Sollten Sie in einer Lebenssituation sein, die keine festgelegten Lernzeiten erlaubt, ist es hilfreich, sich eine minimale wöchentliche Stundenzahl vorzunehmen und die Umsetzung rollend anzugehen.

Die Lernaktivitäten zeitlich klug verteilen

Die folgenden Punkte sollen Ihnen als Orientierungsrahmen dienen:
- **Täglich hören.** Nutzen Sie die Hörmomente in Ihrem Alltag. Aus Kapitel 2 («Für reichlich Input sorgen», Seite 25) kennen Sie die drei Kategorien des Audiomaterials. Sie sollen alle immer wieder zum Zuge kommen. Nehmen Sie sich z.B. ein Kapitel des Lernkrimis, eine Grammatiksequenz aus dem Hörkurs sowie ein bestimmtes Thema aus dem Wortschatztraining vor. Besonders hilfreich ist es, die einzelnen Tracks mithilfe von Wiedergabelisten ein paarmal zu wiederholen.
- **Täglich 15 Minuten Wortschatzarbeit.** Der grösste Engpass beim Sprachenlernen ist die Speicherung. Nehmen Sie sich deshalb täglich Zeit für das Abfragen und Festigen von Wörtern und Sätzen. In Kapitel 16 («Wörter memorieren», siehe Seite 158) erfahren Sie mehr darüber.
- **Wöchentlich lesen.** Studieren Sie die Textversion der gehörten Geschichten sowie anderen vereinfachten Lesestoff. Gehen Sie in verschiedenen Runden vor, wie auf Seite 28 beschrieben.
- **Wöchentlich 2 Extrastunden für aktives Lernen.** In diesen Stunden des aktiven Lernens wird alles an Wortschatzarbeit und Grammatik gemacht, was geistig anspruchsvoller ist und einen besonderen Lern-Effort erfordert.

Die regelmässigen Hörmomente sowie das tägliche Abfragen sorgen dafür, dass Sie in der Zielsprache drin bleiben und der Faden nicht reisst. Diese Aktivitäten haben aber noch einen anderen Effekt, der nicht zu unterschätzen ist: Sie erleben Tag für Tag die Genugtuung, Ihr Lernprojekt wieder einen kleinen Schritt vorwärts gebracht zu haben. Achten Sie auf dieses gute Gefühl. Sie dürfen sich dabei ruhig auf die Schultern klopfen. Denn die positive Bewertung der Anstrengung gibt Schwung und motiviert zum Weitermachen.

Um spürbar Fortschritte zu erzielen, braucht es eine gewisse Intensität in Form von aktivem Lernen und Extrastunden. Ist dieser Aufwand zu gering, dümpelt das Lernen vor sich hin, und man lernt kaum mehr dazu, als man laufend wieder vergisst.

Mit einer höheren Intensität und mehr Extrastunden verstärken Sie den Lernerfolg überproportional, denn Sie können dadurch dem Vergessen eher Paroli bieten: Sie treffen häufiger auf die neuen Begriffe und sehen sie in mehr Zusammenhängen. Das heisst, das neue Wissen wird im Hirn nicht nur häufiger aktiviert; es wird auch stärker vernetzt. So wird es gleich mehrfach an die Leine genommen und dauerhafter abgespeichert. Dazu kommt, dass sich beim intensiveren Lernen auch die Erfolgserlebnisse häufiger einstellen und die Motivation entsprechend steigt.

FÜR ÄLTERE SEMESTER
Die Sache mit der höheren Intensität gewinnt mit zunehmendem Alter an Bedeutung. Denn durch tägliches, aktives Lernen und Repetieren lässt sich dem nachlassenden Kurzzeitgedächtnis ein Schnippchen schlagen.

ZUR SELBSTREFLEXION
1. Welches sind bei mir im Wochenverlauf die günstigsten Gelegenheiten für Hörmomente?
2. Wann könnte ich die Extrastunden einbauen?
3. Welche Leer- und Randzeiten im Wochenverlauf könnte ich ganz oder teilweise für mein Lernvorhaben nutzen?
4. Habe ich für unerwartete Leerzeiten stets Material dabei?

Sich ein Programm zusammenstellen

Sie wissen inzwischen wahrscheinlich, wie viel Zeit Sie wöchentlich etwa aufwenden wollen. Jetzt geht es darum, sich ein inhaltliches Programm zusammenzustellen.

Eine solche Planung ist allerdings ein zweischneidiges Schwert. Zwar geht es nicht ohne, wenn man ein bestimmtes Ziel erreichen oder eine Idee umsetzen will – ganz egal, ob es sich dabei um eine Ferienreise, um ein Hochzeitsfest oder eben um das persönliche Lernprojekt handelt. Aber anderseits geniessen wir beim autonomen Sprachenlernen eine Freiheit, die wir sonst kaum je haben: Wir können in unseren Lernstunden tun und lassen, was wir wollen. Wir können das lernen, was uns gerade reizt, wir können unseren eigenen Interessen folgen oder plötzlich unsere Pläne ändern, auf ein anderes Lehrmittel setzen oder mit Lernmethoden experimentieren – und sind niemandem Rechenschaft schuldig für unser Tun.

Wie lässt sich nun das eine tun und das andere nicht lassen? Wie können wir die vorgesehenen Lernstunden planen und trotzdem die Freiheiten des autonomen Lernens geniessen?

Der springende Punkt ist, einerseits das längerfristige Ziel als Leitstern im Auge zu behalten und klar zu wissen, was man am Ende erreichen will; anderseits aber im kurzfristigen Bereich punkto Inhalt flexibel zu bleiben und das Programm entsprechend Woche für Woche festzulegen.

So lässt sich die Planung angehen
Angenommen, Sie wollen in den kommenden drei Monaten Ihre Kenntnisse auffrischen, zum Beispiel im Hinblick auf einen Auslandsaufenthalt oder auf den Besuch eines Sprachkurses auf dem nächst höheren Niveau. Es gilt also, den Wortschatz und die Grammatikkenntnisse zu reaktivieren, Unsicherheiten zu klären, Wissenslücken zu füllen und den Schwerpunkt mehr und mehr zum Sprechen hin zu verschieben.

Dabei bildet Ihre Liste mit den Grammatik-Prioritäten oder eine Folge von Lehrbuch-Kapiteln den inhaltlichen Faden des Programms (siehe Seite 49). Dazu kommt die Wortschatzarbeit.

Legen Sie jeweils am Wochenende den ungefähren Hör-, Lese-, Wortschatz- und Grammatikstoff für die kommende Woche fest. Achten Sie dabei auf eine gute Balance zwischen Grammatik und Wortschatzarbeit, sorgen Sie auch methodisch für Abwechslung (siehe Kapitel 4, «Das Auffrischen aktiv angehen», Seite 37) und beobachten Sie bei der Umsetzung, ob diese Art der Planung bei Ihnen funktioniert.

Sollten Sie feststellen, dass Sie auf diese Weise zu wenig schnell vorwärts kommen, geben Sie sich ein konkretes Ziel für die nächsten drei Monate vor und planen Sie verbindliche monatliche Etappenziele. Halten Sie konkret fest, was genau Sie durcharbeiten und wie weit Sie Monat für Monat mit Ihrem Projekt vorankommen wollen. Mit solchen Etappenzielen bringen Sie mehr Zug in Ihr Lernprojekt.

Was aber, wenn Sie nicht planen mögen?
Bedenken Sie: Die wichtigste Funktion von Zielen und Plänen ist es, eine Richtung vorzugeben und uns zum Handeln zu bewegen. Wenn Ihre Motivation stark genug ist, um dranzubleiben, und wenn Sie dazu noch in die richtige Richtung gehen, brauchen Sie keine solche Planung. Dann reicht es aus, das langfristige Ziel anzupeilen.

Die geleisteten Minuten notieren

Unabhängig davon, ob Sie detailliert planen oder ob Sie sich lediglich am langfristigen Ziel orientieren: Um die Motivation auch in kritischen Phasen aufrechtzuerhalten, empfehle ich Ihnen, ein kleines Lernjournal zu führen.[8] Dies kann eine Tabelle, ein Worksheet oder eine Agenda mit den vier Programmpunkten Hören, Lesen, Wortschatzarbeit sowie Extrastunden sein. Notieren Sie täglich die Zeit, die Sie für die einzelnen Aktivitäten eingesetzt haben. Dieser kleine Kniff wird Ihnen fürs Dranbleiben eine grosse Hilfe sein. Sie können den Effekt bei jedem Eintrag spüren: Sie haben etwas getan, und das befriedigt ungemein. Es stärkt das Selbstvertrauen und gibt ein gutes Gefühl, auch wenn Sie bloss während des Wocheneinkaufs eine Geschichte gehört oder im Wartezimmer zehn Minuten gelesen haben.

ZUR SELBSTREFLEXION

1. Will ich den Versuch mit dem wöchentlichen Programm wagen und schauen, was er bewirkt?
2. Kenne ich den Nutzen täglicher Aufzeichnungen bereits aus einem anderen Bereich (Beruf, Sport, Diät etc.)?
3. Habe ich schon ausprobiert, ein 20-minütiges Nickerchen zu machen, damit ich nachher fit bin für die abendliche Extrastunde?

4. Das Auffrischen aktiv angehen

Mit dem Start des Lernprogramms schalten Sie einen Gang höher und gehen das Auffrischen nicht nur passiv, sondern auch aktiv an. Sie räumen sprachliche Unsicherheiten aus, üben grammatikalische Regeln neu und machen sich gezielt an die Repetition des Grundwortschatzes.

Dabei können Sie auch gleich Ihr Lern-Know-how ausbauen und auf eine Vielfalt von Methoden setzen. Sie erfahren, wie Sie mit mehreren Lehrbüchern arbeiten und wirkungsvoll üben können. Des Weiteren möchte ich Sie ermuntern, unterschiedliche Vorgehensweisen für die Festigung des Grundwortschatzes auszuprobieren, damit Sie für sich einen passenden Methoden-Mix finden.[9]

Wichtig ist zudem, beim Wortschatz wählerisch und auch bei der Grammatik umsichtig zu sein. Sie bestimmen, was von dem Gebotenen Ihnen wichtig scheint und was Sie lernen wollen.

Zum Schluss geht es um den Lernfortschritt. Die Idee ist, sich nach ein, zwei Monaten im Programm etwas Zeit zu nehmen und zu überlegen, was Sie alles gelernt haben. Sie werden beim Ankreuzen sehen: Es ist mehr, als Sie denken!

Auf methodische Vielfalt setzen

Sie wissen mittlerweile wohl aus eigener Erfahrung, welch wichtige Rolle das Hören beim Sprachenlernen spielt, und es ist Ihnen klar, dass es äusserst unklug wäre, auf häufigen Input via Ohr zu verzichten. Selbst wenn man sich zu Beginn für regelmässiges Hören einen Ruck geben muss: Für den Lernerfolg ist es wichtig, Neues auszuprobieren und überhaupt auf methodische Vielfalt zu setzen.

Durch kräftigen Input, also durch Hören und Lesen (und bei Fortgeschrittenen auch durch TV-Konsum, siehe Seite 100), lässt sich der Sprachschatz bereits ein Stück weit reaktivieren. Es ist, wie wenn man nach langer Pause zum ersten Mal wieder auf den Ski steht: Nach ein paar Dutzend Schwüngen ist man wieder drin.

Auffrischen wäre also eine einfache Sache – wenn bloss die Wissenslücken und Unsicherheiten nicht wären. Diese wollen aktiv angegangen und von Grund auf neu bearbeitet werden. Es gilt also, vom bequemeren passiven Lernen, vom Hören und Lesen, immer wieder auf das weit anstrengendere aktive Lernen umzuschalten. Dieses Wechselbad zu mögen, ist eine der grossen Herausforderungen beim Sprachenlernen. Ob beim Auffrischen, beim Vertiefen oder beim Neulernen einer Sprache – es heisst immer wieder, flexibel zu sein und umschalten zu können.

Wenn Sie auf methodische Vielfalt setzen, wird Ihnen dieses Umschalten leichter fallen. Sie werden viel hören und lesen – und damit schon mal zwei unterschiedliche Sinneskanäle aktivieren. Sie werden aktiv und passiv, bewusst und unbewusst lernen und auch ganz unterschiedliche Unterlagen nutzen.

Das Schöne daran: Der multiple Methodeneinsatz macht das Lernen bedeutend interessanter. Dadurch werden Sie das Wechselbad von aktivem und passivem Lernen und von Input und Output bald als ebenso anregend empfinden wie einen Kneippgang.

ZUR SELBSTREFLEXION
1. Ist mir der tägliche Hör-Input schon zur guten Gewohnheit geworden?
2. Was bringt es mir, eine Methode auszuprobieren, bis sie fast zur Gewohnheit geworden ist?
3. Spüre ich die Schwierigkeit des Umschaltens vom passiven zum aktiven Lernen?

Mehrere Lehrbücher nutzen

Nicht nur durch unterschiedliche Medien und Methoden, auch mithilfe unterschiedlicher Lehrbücher lässt sich das Lernen interessanter gestalten. So können Sie sich die besten Erklärungen, Beispiele und Übungen aussuchen. Darüber hinaus schaffen Sie eine Vielzahl von Zugängen zum Stoff, weil Sie dieselbe Regel oder denselben Begriff immer wieder in neuen Zusammenhängen antreffen. Das Lernen ist so nicht nur wirkungsvoller; es ist auch bedeutend abwechslungsreicher. Dies kann man in der Phase des Auffrischens besonders gut gebrauchen.

Jedes Lehrmittel hat indes seine Stärken und Schwächen, und wir selbst haben ebenfalls Vorlieben und Abneigungen. Wer nur farbige Lehrbücher neueren Datums kennt, den werden ältere, schwarz-weisse Werke auf den ersten Blick weniger ansprechen, und wer sich die Sprache mit Letzteren angeeignet hat, kann den bunten und unübersichtlicheren Unterlagen womöglich wenig abgewinnen. Die Lehrbücher unterscheiden sich zudem nach der Theorie, auf die sie abstellen. So hat man früher mehr Gewicht auf das Memorieren, auf Grammatik und Übersetzungen gelegt. Heute steht die Kommunikation im Vordergrund, dafür wird dem Auswendiglernen eher ausgewichen.

Auf die Lernwirkung achten

Bevor Sie ein unattraktiv scheinendes Lehrwerk ad acta legen, werfen Sie einen zweiten Blick hinein – ob es nun neueren oder älteren Datums ist und ob es als Buch, als Hörkurs mit Begleitheft oder als Online-Kurs daherkommt. Vielleicht finden Sie darin doch einzelne Texte oder bestimmte Arten von Übungen, die besonders nützlich sind.

Achten Sie bei diesem zweiten Blick darauf, was in den Werken jeweils als Input gedacht ist, welche Übungen für die Verarbeitung des Inputs vorgesehen sind und wo Output, das heisst Sprechen oder Schreiben, gefordert wird. Für jede dieser Kategorien lassen sich gute und weniger gute Beispiele finden:

- **Lernwirksamer Input.** Sehr gut sind spannende Geschichten, Dialoge und andere Textsequenzen mit Situationen, die im Gedächtnis haften bleiben. Sie sollen zudem nicht nur neue Wörter, sondern auch die Anwendung der jeweiligen Grammatikregel zeigen. Bilder können die Erinnerung unterstützen. Zusätzliche Pluspunkte erhalten die Geschichten, wenn sie auch als Audioversion vorhanden sind. Weniger hilfreich sind zu kurze oder zu allgemein gehaltene Dialoge, weil sie zu wenig einprägsam sind. Zum Input gehört zudem die Erläuterung der Grammatikregeln. Diese sollen optisch klar dargestellt, einleuchtend erklärt und mit nützlichen Beispielen angereichert sein.

- **Übungen für die Verarbeitungsphase.** Hier kommen Grammatikübungen und Lückentexte zum Zug. Gut ist, wenn sie einen Bezug zu den jeweiligen Lektionstexten sowie zu persönlichen Erfahrungen haben. So machen Einüben und Einsetzen mehr Sinn. Auch sollten Lösungsschlüssel vorhanden sein. Aufgaben vom Typ «Welche vier der zwanzig Wortpaare sind falsch?» zeigen kaum Lernwirkung. Sie mögen unterhaltsam sein, aber sie hinterlassen kaum Spuren im Gedächtnis. Dafür können zweisprachige Wörterlisten nützlich sein.
- **Übungen zur Förderung des Outputs.** Output-Übungen sollen den Transfer in die Praxis fördern und zur Simulation realer Sprech- und Schreibsituationen anregen. Gut sind Übungen, in denen man zur Formulierung der eigenen Meinung, zum Erzählen eigener Erfahrungen sowie zum Verfassen nützlicher kleiner Texte aufgefordert wird. Auch Übersetzungsübungen mit Schlüssel oder zweisprachige Textabschnitte sind äusserst hilfreich.

Die Texte und Übungen sollen Sie ansprechen, herausfordern und auch gefühlsmässig involvieren. Achten Sie bewusst darauf. So können Sie ein gutes Gespür für die wirkungsvollsten Perlen in Ihrem Lernmaterial entwickeln.

Klug üben

Ob eine Übung hilfreich ist, hängt auch davon ab, wie Sie sie machen und was Sie damit bewirken wollen.

Übungen sind in zweierlei Hinsicht nützlich. Halten Sie sich dies stets vor Augen:

Erstens lenken sie die Aufmerksamkeit auf kritische Punkte oder eine bestimmte Regel. Sie helfen, diese korrekt anzuwenden, sie zu trainieren und sie in neuen Variationen und Zusammenhängen zu gebrauchen.

Zweitens geben Übungen Feedback. Sie sehen einerseits, was Sie bereits können, und dies motiviert. Anderseits erkennen Sie, wo Sie immer wieder stolpern. Die Fehler lassen sich dann ganz gezielt verbessern.

TIPP *Übungen wollen mehrmals gemacht werden, wenn sie einen Lerneffekt haben sollen. Schreiben Sie bei Lückentexten und Satzergänzungsübungen deshalb nie direkt in die Vorlage hinein. Notieren Sie das Gesuchte stets auf Post-it-Zettel oder in ein Heft. Korrigieren Sie dann mithilfe des Lösungsschlüssels und schreiben Sie das Datum dazu. Wenn Sie nun dieselbe Übung später wiederholen, sehen Sie beim Vergleich den Lernfortschritt. Sie merken zudem, wo stets dieselben Fehler passieren. Schenken Sie diesen Fehlern spezielle Beachtung und nehmen Sie entsprechende Beispielsätze in Ihre Lernkärtchensammlung auf.*

Den Leitstern stets im Auge behalten

Welche Übungen Sie auch immer machen, welches sprachliche Niveau Sie anstreben oder welchen Traum Sie am Ende verwirklichen wollen: Sie sollen die Sprache auf dem entsprechenden Niveau nicht nur verstehen, sondern sich auch ausdrücken können.  Die Kenntnisse sollen Ihnen derart in Fleisch und Blut übergehen, dass Sie sie ganz automatisch anwenden und in realen Situationen flüssig sprechen können. Dieses langfristige Ziel soll Ihnen stets als Leitstern dienen.

Der Weg von der Lehrbuch-Übung zur realen Sprechsituation ist jedoch selbst für Fleissige steinig, denn eifriges Üben reicht längst nicht aus. Was braucht es noch?

Eine Studie mit 30 autonomen Lernerinnen und Lernern zeigte, dass die Erfolgreichsten beim Üben jeweils an reale Sprechsituationen dachten.[10] Sie ersannen stets eigene Anwendungsbeispiele aus ihrem Alltag. Selbst beim Konjugieren unregelmässiger Verben verstanden sie es, die Aufmerksamkeit nicht nur auf die grammatikalischen Formen und Endungen zu richten, sondern sich dazu auch konkrete Sprechsituationen vorzustellen. Dies ist der entscheidende Unterschied: Die Erfolgreichen hatten den Leitstern von Anfang an verinnerlicht und richteten ihr Lernen darauf aus.

Achten Sie beim Lernen und beim Üben deshalb auf die folgenden entscheidenden Punkte:

- **Behalten Sie bei allen Aktivitäten stets auch zukünftige Kommunikationssituationen im Auge.** Ob Sie Konjugationen drillen, Lückentexte vervollständigen oder Beispielsätze formulieren: Stellen

Sie sich so konkret wie möglich vor, wie Sie im Ausland mit Ihrer Gastmutter, Ihrem Chef oder mit einem andern Einheimischen kommunizieren. So schaffen Sie erste Verbindungen zu realen Situationen und sorgen damit für einen besseren Zugang zur Erinnerung, wenn der «Ernstfall» eintritt.
- **Stellen Sie sich den Aufforderungen zum Sprechen.** Lehrwerke, die auf Kommunikation ausgerichtet sind, fordern Sie öfter auf, eigene Meinungen und Erfahrungen zu formulieren. Weichen Sie solchen Aufforderungen nicht aus. Selbst wenn Sie keinen Gesprächspartner haben, können Sie kreativ werden und sich zum Beispiel schriftlich ausdrücken, die Gespräche in Ihrer Vorstellung führen, leise vor sich hin murmeln oder laut und deutlich mit einem fiktiven Gegenüber reden (siehe auch Kapitel 12, «An kommunikativer Sicherheit gewinnen», Seite 116).
- **Vergessen Sie das Repetieren nicht.** Nicht nur beim Wortschatzlernen, auch bei der Grammatik und bei Gesprächsübungen kommen wir um öftere Wiederholung nicht herum, denn die Kenntnisse sollen am Ende bis zur Automatisierung eingeübt sein (siehe Seite 61).

ZUR SELBSTREFLEXION
1. Kann ich bei Texten und Audiomaterial zwischen lernwirksamen und eher unnützen Abschnitten unterscheiden?
2. Schaffe ich es, beim Üben stets an reale Sprechsituationen zu denken?
1. Ist mir klar, dass ich eine Übung mehrmals machen muss, damit sie im Gedächtnis bleibende Spuren hinterlässt?

Den Grundwortschatz festigen

Möchten Sie wieder einmal das Gefühl haben, mit wenig Zeitaufwand viel gelernt zu haben? Dann frischen Sie zur Abwechslung ein paar Sachgruppen aus dem Grundwortschatz auf!

Dabei können Sie unterschiedliche Materialien und Medien wie Folgende nutzen:
- **Grund- und Aufbauwortschatz in Buchform.** Für das Auffrischen sehr empfehlenswert, denn damit haben Sie sogleich den Überblick. Die Wörter sind nach sinnvollen Sachgruppen geordnet, und oft lassen sich auch Beispielsätze finden.

- **Visuelle Wörterbücher (gedruckt oder online).** Die Bilderwörterbücher bilden eine sympathische Ergänzung.
- **Zweisprachige Wörterlisten.** Sie sind meist im Anhang von Lehrbüchern zu finden und können ebenfalls hilfreich sein – zumindest dann, wenn Sie die entsprechenden Lektionen durchgearbeitet haben und die Wörter in einem Zusammenhang sehen.
- **Vorgedruckte Lernkärtchen.** Diese lassen sich auch in der Lernkartei nutzen (siehe Seite 169).
- **Elektronische Vokabeltrainer.** Als App oder Desktopversion (siehe Seite 169).
- **Audio-Wortschatztraining.** Unbedingt ausprobieren! So lassen sich Hörmomente nutzen, und Sie verbinden dazu noch Schriftbild und Klang. Letzterer wird im Hirn in einem anderen Areal gespeichert. Wenn Sie den Grundwortschatz via Ohr einüben, können Sie diese zusätzliche Verbindung schaffen, was sich positiv auf Speicherung und Abruf auswirkt.

Ich empfehle Ihnen, mit den verschiedenen Materialien und Medien zu experimentieren. Alle haben Vor- und Nachteile, und nur durch Ausprobieren können Sie herausfinden, was Ihnen am besten passt.

Wichtig ist in jedem Fall, dass Sie das Gelernte öfter repetieren. Sorgen Sie dafür, dass Sie stets Kopien aus dem Buch, das Smartphone, den MP3-Player oder einen Stapel Kärtchen bei sich haben, um Leerzeiten zum Lernen und zum Abfragen zu nutzen.

Wenn Sie Farben mögen und zum kinästhetisch-taktilen Lernstil neigen (siehe Seite 175), werden Sie auch die 3-Farben-Methode lieben.

Die 3-Farben-Methode

Mit dieser Methode lassen sich diejenigen Begriffe hervorheben, die in einer Wörterliste oder in einem Text nach einer zusätzlichen Repetitionsrunde verlangen. Sie benötigen dafür drei Leuchtstifte in unterschiedlich intensiven Farben, z.B. Gelb, Orange und Pink. Der Kniff: Wenn Sie gelb Markiertes orange überstreichen, sollte die Markierung orange werden. Des Weiteren soll sich dieses Orange durch Überstreichen in Pink verwandeln lassen.

Angenommen, Sie möchten die zweisprachige Liste eines Sachgebietes aus dem Grundwortschatz auffrischen. Gehen Sie wie folgt vor:

- Die Zielsprache abdecken und die Liste an zwei aufeinander folgenden Tagen abfragen. Vergessene Wörter erneut einprägen.
- Am dritten Tag die Liste nochmals abfragen und alle Wortpaare, die Sie noch nicht beherrschen, gelb markieren und einprägen. Die Abfrage der gelb markierten Paare nach zwei oder drei Tagen wiederholen.
- Ein paar Tage später die gelben Begriffe erneut abfragen. Diejenigen, die Sie noch nicht beherrschen, mit Orange überstreichen (d.h. aus gelb orange machen), einprägen und die Abfrage nach zwei oder drei Tagen wiederholen.
- Ein paar Tage später die orangen Wörter erneut abfragen. Diejenigen, die Sie immer noch nicht beherrschen, mit Pink überstreichen und so lange üben, bis auch sie sitzen.
- Am Schluss sämtliche Wörter nochmals durchgehen.

Wichtig ist, dass Sie ein Wortpaar nicht zu früh mit der neuen Farbe überstreichen. Fragen Sie es im Zweifelsfall besser noch ein paarmal ab.

ZUR SELBSTREFLEXION
1. Habe ich schon einmal ein visuelles Wörterbuch angeschaut oder im Internet mit einem Vokabeltrainer geübt?
2. Habe ich es beim Audio-Training mit einer Wiedergabeliste versucht und jeden Track drei- bis viermal wiederholt?
3. Höre ich ein Wort innerlich, wenn ich daran denke oder wenn ich es lese?

Wörter im Multipack lernen
Bleiben wir noch etwas bei den schwierigen Wörtern. Also bei solchen, die Sie zwar schon kennen und im Zusammenhang auch verstehen, die Sie sich aber aus irgendwelchen Gründen schlecht merken können.

In solchen Fällen können Sie versuchen, die Wörter nicht einzeln, sondern gleich in Grüppchen von fünf Begriffen anzugehen. Warum? Fünf Begriffe bilden eine gut überblickbare Menge. Es ist fürs Gedächtnis nicht zu viel aufs Mal, aber auch nicht zu wenig.

Bei schwierigen Wörtern kommt man kaum darum herum, sie auf irgendeine Art und Weise mit etwas Bekanntem zu verknüpfen und sich Eselsbrücken auszudenken (siehe Seite 162).

Statt Eselsbrücken zu bauen oder Lernkärtchen zu nutzen, können Sie es zur Abwechslung auch folgendermassen versuchen: Notieren Sie Begriffe, die Sie auch nach mehrmaliger Repetition nicht abrufen können, zu fünft auf einen Post-it-Zettel. Falls nötig, schreiben Sie die deutsche Übersetzung auf die Rückseite. Heften Sie dann den Zettel an den Badezimmerspiegel oder an einen andern Ort, an dem Sie öfter ein paar Augenblicke verweilen. Machen Sie sich nun jedes Mal, wenn Sie ins Badezimmer kommen, mit den Wörtern etwas vertrauter: Versuchen Sie, sich die Wörter visuell einzuprägen und sie später wieder frei aus dem Gedächtnis abzurufen. Überlegen Sie sich, bei welcher Gelegenheit Sie die Wörter gebrauchen könnten, und erfinden Sie entsprechende Sätze.

Eine andere Möglichkeit ist, die fünf Wörter zu einer kleinen Geschichte zu verbinden. Rufen Sie sich dann in freien Augenblicken die Geschichte oder die Wörter und Sätze erneut in Erinnerung. Und nutzen Sie zudem jede Gelegenheit, die Wörter an den Mann beziehungsweise an die Frau zu bringen.

ZUR SELBSTREFLEXION
1. Weiss ich aus eigener Erfahrung, dass es nach einer Phase der Überwindung jeweils leichter vorangeht?
2. Wo bringe ich die Post-it-Zettel am besten an?
3. Was könnte ich ändern, wenn ich realisiere, dass ich zu selten in Stimmung bin, mir die Wörter auf den Zetteln auch nur anzusehen?

Beim Wortschatz wählerisch sein

Ein grosser Wortschatz ist das A und O. Wer die Zielsprache nicht nur verstehen, sondern auch sprechen will, muss die Wörter und Redewendungen aktiv beherrschen. Aktiv, nicht passiv – das ist der Knackpunkt. Bei den meisten Lernenden sind die aktiven Kenntnisse im Verhältnis zum passiven Wissen viel geringer. Klar ist aber: Es bringt mehr, die wichtigsten 2000 Wörter spontan gebrauchen zu können, als 6000 Wörter passiv zu verstehen. Aus diesem Grund ist es klug, beim Wortschatz wählerisch zu sein. Überlegen wir uns deshalb zunächst, welche Wörter und Redewendungen überhaupt wichtig sind.

Der Grundwortschatz einer Sprache umfasst rund 2000 Wörter – und zwar diejenigen, die am häufigsten verwendet werden. Das sind auch die wichtigsten. Wenn Sie diese sogenannt hochfrequenten Wörter beherrschen, können Sie sich in Alltagssituationen gut verständigen und auch rund 80 bis 90 Prozent eines einfachen Textes verstehen,[11] was in etwa einem B1-Niveau entspricht. Im Aufbauwortschatz finden sich dann die nächst häufigeren Begriffe, und wenn Sie insgesamt 3000 bis 4000 Wörter beherrschen, sind bis zu 95 Prozent eines nicht allzu schwierigen Textes abgedeckt. Das heisst, dass Sie ohne Wörterbuch Zeitung lesen und das meiste verstehen können. Um auch Details eines Textes zu erfassen und um literarische Werke ohne grössere Mühe zu lesen, ist nach Schätzung der erwähnten Autoren die Kenntnis von etwa 6000 bis 9000 Wörtern vonnöten.

Auf die Häufigkeit achten
Unabhängig davon, wie Ihr momentaner Kenntnisstand ist: Gehen Sie beim Auffrischen ökonomisch vor und berücksichtigen Sie die Häufigkeit der Wörter. Lernen Sie, hochfrequente von niedrigfrequenten Wörtern – Hund, Heuschrecke oder Erdmännchen – zu unterscheiden. Wenn Sie darauf achten, werden Sie bald ein Gespür für die wichtigen Wörter und Wendungen entwickeln. Setzen Sie Ihre Energie für diese häufig vorkommenden Begriffe ein. Gewöhnen Sie sich an, sich stets zu fragen: «Will ich dieses Wort wirklich lernen oder nicht?»

Neben der Häufigkeit gibt es ein weiteres Kriterium für die Selektion: Ihr ganz persönliches Interesse. Kochen Sie gerne, lieben Sie Tiere oder treiben Sie Sport? Dann werden Sie sich wohl auch in der Zielsprache gerne über diese Themen unterhalten. Eignen Sie sich den entsprechenden Wortschatz an.

Beim Auffrischen richten Sie den Fokus gezielt auf das sprachliche Fundament: Ihre bestehenden Kenntnisse – ob auf dem Niveau des Grund- oder des Aufbauwortschatzes – sollen reaktiviert und gründlich gefestigt werden. Sie sollten Ihr Basislexikon, also Ihren persönlichen Grundwortschatz, am Ende derart intus haben, dass Ihnen die Wörter und Wendungen auch im spontanen Gespräch einfallen, ohne dass Sie lange überlegen müssen.

Vom passiven Verstehen bis zur Automatisierung, also bis zur völlig mühelosen Anwendung, ist es oft ein langer Weg (siehe Seite 55). Zum Glück gibt es viele Wörter, die sich vergleichsweise leicht reaktivieren lassen. Je mehr Sie hören und lesen, desto rascher werden Sie diese wieder präsent haben und aktiv anwenden können.

Das können Sie tun
Blättern Sie je nach Sprachniveau schon mal im Grund- oder Aufbauwortschatz und machen Sie sich mit den Wörtern zu den Themen vertraut, die Sie am meisten interessieren. Nehmen Sie sich auch das Audio-Wortschatztraining vor und überlegen Sie sich schon mal, wie Sie die beiden Medien kombinieren und Ihren Wortschatz systematisch auffrischen könnten (siehe Seite 168).

ZUR SELBSTREFLEXION
1. Vergesse ich im Lerneifer bisweilen, wählerisch zu sein und mich zu fragen, ob ich einen Begriff wirklich in meinen aktiven Wortschatz aufnehmen will?
2. Wie gross schätze ich mein aktives Vokabular im Vergleich mit dem passiven ein?
3. Leuchtet mir ein, dass ich für besseres Sprechen vermehrt auf aktive Kenntnisse setzen muss?

Bei der Grammatik Umsicht walten lassen

Ganz klar, Grammatik ist anspruchsvoll, und schon manch einem hat ein Zuviel davon die Lust am Sprachenlernen genommen. Als Selbstlernerin oder -lerner können Sie nun zum Glück in Eigenregie bestimmen, was und wie viel davon Sie sich aneignen wollen.

Beim Auffrischen haben Sie zudem den Vorteil, dass das meiste nicht ganz neu ist, denn Sie haben es bereits einmal gelernt. So lässt sich beim Durchsehen der Grammatikseiten rasch ein Überblick über den Lernbedarf gewinnen.

Welches sind die grossen Herausforderungen beim Grammatiklernen? Teilen wir diese in drei Kategorien ein:

- **Drill-Grammatik.** Hierhin gehört z. B. die Konjugation der Verben und bei manchen Sprachen auch die Deklination. Bei lateinischen Sprachen sind es vor allem die unregelmässigen Verben, die eingeschliffen werden müssen. Es ist wie mit den Tonleitern, die man auch immer und immer wieder üben muss. Für viele ist dieser Drill der mühsamste Teil des Lernens. Umso befriedigender ist es am Ende, wenn man merkt, dass die Konjugation eines Verbs nun wirklich sitzt (siehe Seite 147).
- **Regel-Grammatik.** Wann wird in der Zielsprache welche Vergangenheitsform verwendet? Bei welchen Verben wird *avoir*, bei welchen *être* als Hilfsverb eingesetzt? Wann wird im Spanischen *ser*, wann *estar* gebraucht? Wenn Sie diesen und ähnlichen Fragen in den verschiedenen Unterlagen nachgehen, können Sie sich die jeweils beste Erklärung aussuchen. Im einen Buch kann dies die besonders einleuchtend erläuterte Regel, in einem andern ein witziges Beispiel und in einem dritten eine wirkungsvolle Übung sein (siehe auch Seite 106). So können Sie von einer Regel eine bedeutend klarere Vorstellung gewinnen. Und mit solchen selbst geschaffenen Vorstellungen werden Sie sehr viel motivierter sein, die Regel auch einzuüben und sie anzuwenden, bis Sie sie automatisiert haben.
- **Lexiko-Grammatik.** In diese Kategorie kommt alles, was Sie sich wie den Wortschatz – in der Fachsprache Lexikon genannt – am besten gleich in Form von typischen Sätzen einprägen (siehe Seite 109). Zum Beispiel den Gebrauch von Präpositionen wie *for, if, to, on, off, across: While cleaning the attic, I came across his photo.* Oder grammatikalische Formen und Strukturen, wie *I look forward to seeing you tomorrow* oder *If I were you, I'd forget this guy.* Als Beispiel für den Genitiv möchte ich Ihnen den berühmten Satz von Martin Luther King mitgeben: «*I want to be the white man's brother, not his brother-in-law.*»

Die drei Kategorien stellen ganz unterschiedliche Lernanforderungen, auf die ich auf den angegebenen Seiten genauer eingehe.

Hier will ich schon mal klären, was es heisst, die Grammatik mit Umsicht aufzufrischen. Wie beim Wortschatz gilt es auch hier, selektiv vorzugehen. Das heisst, dass zuerst die Grundlagen gefestigt werden sollen, denn diese werden Sie auch am häufigsten gebrauchen. Bei den Verben sind dies die Konjugation und der Gebrauch der Zeiten. Sie sollten sich nicht nur beim Konjugieren sicher fühlen, sondern auch verinnerlicht haben, wann welche Zeitstufe die richtige ist. Nehmen Sie sich genügend Zeit dafür. Bei der Möglichkeitsform (Konjunktiv, im Französisch auch beim *Subjonctif*, im Spanisch beim *Subjuntivo*) lassen sich hingegen ein paar typische Sätze auch ohne Kenntnis der Regeln lernen. So sparen Sie enorm viel Zeit.

Das können Sie tun
Die Grundlagen der Grammatik finden Sie in den Lehrbüchern bis Niveau A2. Sie können das Auffrischen in der vom Buch vorgegebenen Reihenfolge oder nach eigenem Gutdünken angehen.

Blättern Sie für Letzteres den Grammatikteil Ihrer Lehrbücher durch und notieren Sie, welche Regeln und Probleme Sie nochmals bearbeiten wollen. Legen Sie dann fest, womit Sie beginnen möchten und welches die nächsten Punkte sind. Durch diese Priorisierung schaffen Sie für sich einen Überblick; Sie wissen, was es zu tun gibt, und auch, wo Sie beginnen wollen. Ein befreiendes Gefühl!

ZUR SELBSTREFLEXION
1. Macht es mir Mühe, mich in der Grammatik erneut mit den Grundlagen zu befassen?
2. Bin ich bereit, das, was ich wichtig finde, auch wirklich gründlich einzuüben?
3. Ist mir klar, dass es beim Auffrischen ums Schaffen solider Grundlagen und nicht um das Erreichen der nächst höheren Niveaustufe geht?

Lernfortschritte erkennen

In einer japanischen Studie wurde der Zusammenhang zwischen dem Gebrauch von verschiedenen Methoden und Vorgehensweisen, dem Lernwillen sowie den Lernfortschritten im Englischunterricht untersucht.[12] Dass die Schüler mit geringem Lernwillen am Ende des Schuljahres schlecht abschnitten, war vorauszusehen. Im Gegensatz zu den Erfolgreichen nutzten sie auch stets dieselben wenigen Lernmethoden. Auch unter den Schülern mit hohem Lernwillen gab es jedoch eine Gruppe mit schlechten Leistungen. Sie nutzten zwar dieselben Methoden und Vorgehensweisen wie die Erfolgreichen, aber sie kamen auf keinen grünen Zweig. Eine genauere Untersuchung brachte an den Tag, was diesen willigen, aber leistungsschwachen Schülern fehlte: die sogenannte metakognitive Bewusstheit *(metacognitive awareness)*.

Anders ausgedrückt: Diese Schüler lernten zwar fleissig, aber mechanisch und kopflos. Sie waren nicht fähig, ihr Lernen und Denken aus einer gewissen Distanz, das heisst, aus der Metaperspektive, zu betrachten und sich bewusst zu machen, ob sie das Gelernte nun intus hatten oder nicht. Diese Art der Selbstbeobachtung, dieses Gewahrwerden des eigenen Lernens und Könnens, eben die metakognitive Bewusstheit, ging ihnen völlig ab.

Für den Lernerfolg ist es jedoch elementar, immer wieder kurz auf die Metaebene zu wechseln und sich beim Lernen sozusagen auf die Finger zu schauen. Sich stets gewahr zu sein, was man tut und was es bewirkt.

Ganz egal, welche Methoden und welche Sinneskanäle wir nutzen: Vordringlich ist, dass wir mit Köpfchen agieren – statt kopflos zu reagieren.

Fortschritte auf der sprachlichen Ebene

Beim Sprachenlernen gilt: Steter Tropfen höhlt den Stein. Ohne Fleiss und Ausdauer kommt man nicht voran. Nach einer einzigen Lerneinheit ist der Fortschritt zwar bisweilen kaum wahrnehmbar, zumal vieles rasch wieder vergessen geht. Fortschritte erkennen wir hingegen, wenn wir Rückschau halten. Sie werden sehen, selbst wenn Sie Ihr Programm längst nicht immer durchgehalten und das Lernen auch immer wieder mal aufgeschoben haben, ist der Fortschritt wahrscheinlich grösser, als Sie vermuten.

Fragen Sie sich: «Was habe ich beim Auffrischen im Verlaufe der letzten Monate alles gelernt?» Blättern Sie sämtliche Unterlagen durch, die Sie benutzt haben, schauen Sie Ihre Notizen und Karteikärtchen durch und vergessen Sie die Lektüre und das Audiomaterial nicht. Achten Sie ausschliesslich darauf, was Sie nun besser kennen oder können, also was Sie dazugelernt haben – suchen Sie nicht nach Wörtern, die Sie noch nicht beherrschen oder Grammatikregeln, die noch nicht ganz sitzen. Es geht hier für einmal nur darum, wo Sie sich verbessert haben. Sich das zu vergegenwärtigen, tut nämlich der Seele wohl!

Fortschritte auf der Ebene des Lern- und Selbstmanagements

Ihre Fortschritte zeigen sich indes nicht nur auf der sprachlichen Ebene. Auch punkto Lernmethodik haben Sie profitiert. Und nicht zu vergessen die Erfahrungen, die Sie mit dem autonomen Lernen, dem Selbstmanagement und der Selbstmotivation gewonnen haben. Die untenstehenden Fragen sollen Ihnen die Rückschau auf diese Aspekte erleichtern. Die Liste lässt sich je nach persönlicher Lernsituation ergänzen. Welchen der folgenden Punkte können Sie schon mal zustimmen?

Lernmethodik:

☐ Ich sorge für mehr Hör-Input als früher.
☐ Ich programmiere Wiedergabelisten, damit ich die Tracks mehrmals wiederholen kann.
☐ Ich habe mehrere vereinfachte Geschichten gelesen.
☐ Ich nutze mehrere Lehrbücher.
☐ Ich halte die wichtigsten Wörter und Sätze schriftlich fest.

Lern- und Selbstmanagement, Motivation:
- ☐ Ich weiss nun besser, wie ich das Sprachenlernen angehen kann.
- ☐ Ich beschäftige mich täglich mit der Sprache – selbst wenn es nur fünf Minuten sind.
- ☐ Ich schaffe es, wöchentlich mindestens einmal an einem fixen Tag Extrastunden einzubauen.
- ☐ Ich nutze auch Leer- und Randzeiten fürs Lernen.
- ☐ Ich führe Buch über die Lernstunden.
- ☐ Ich denke bei allen Lernaktivitäten stets auch an zukünftige Gesprächssituationen.
- ☐ Ich schenke dem Repetieren und Üben mehr Beachtung als früher.
- ☐ Sobald ich mit dem Auffrischen weiter bin, will ich mich vermehrt dem Sprechen widmen.
- ☐ Ich schaffe es, die Texte mehrfach (und mit unterschiedlichem Fokus) zu lesen, ohne dass es mir dabei langweilig wird.
- ☐ Ich merke beim Lesen, dass meine Aufmerksamkeit für sprachliche Aspekte nun geschärft ist.
- ☐ Mein Interesse für die Zielsprache hat zugenommen.

Sie sehen, dass Ihr Lernfortschritt insgesamt doch ganz beträchtlich ist. Gerade beim Sprachenlernen, wo eine einzelne Lernsession oft einen kaum wahrnehmbaren Lerneffekt hat, wo Tag für Tag Geduld gefordert wird und wo immer wieder neues Üben vonnöten ist, kann eine derartige Rückschau ein nachhaltiges Erfolgserlebnis schaffen und dem Lernen neuen Schwung verleihen.

ZUR SELBSTREFLEXION
1. Durch welche Punkte könnte ich die obige Liste ergänzen?
2. Bin ich zufrieden mit meinen Lernfortschritten?
3. Welchen Punkten könnte ich fortan mehr Beachtung schenken?

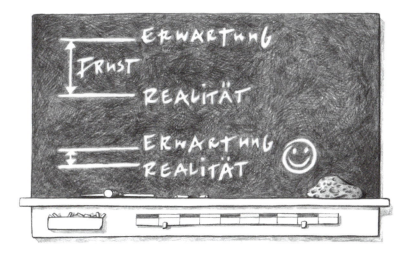

5. Frust in Lust verwandeln

Frustriert es Sie bisweilen, wenn frisch gelernte Wörter und Sätze gleich wieder vergessen gehen? Wenn selbst nach häufigem Repetieren noch immer nicht alles sitzt und wieder und wieder dieselben Fehler passieren? Oder ist es Ihnen generell ein Ärgernis, dass das Sprachenlernen so mühsam ist und dass es derart viel Zeit benötigt?

Falls Sie solchen Lernfrust kennen, bedenken Sie: Frustriert ist man dann, wenn eine Situation oder ein Resultat nicht den Erwartungen entspricht. Wenn die Erwartungen höher liegen als die Realität. Wenn man ständig meint, das Lernen müsste einfacher und das Gedächtnis besser sein, als es tatsächlich ist. Doch weder Lernen noch Gedächtnis ist das Problem, sondern Ihre unrealistische Idealvorstellung.

Besonders Menschen, die zum Perfektionismus neigen, haben oft zu hohe Erwartungen und erleben beim Lernen umso häufiger Frustrationen. Sie zweifeln an ihren Fähigkeiten und verlieren an Selbstwertgefühl. Dadurch leiden auch Zielstrebigkeit und Motivation. Das muss nicht sein!

Sie können sich sehr viel Frust ersparen, wenn Sie Ihre Vorstellungen und Erwartungen besser den tatsächlichen Gegebenheiten anpassen. Wenn Sie realistischer werden und Ihre Einstellung dem Lernen gegenüber ändern.

Wir gehen zunächst der Frage nach, warum Erwachsene beim Sprachenlernen oft falsche Erwartungen haben. Dann geht es um eine bessere Lernhaltung, also um eine innere Einstellung, die dem Lernen besonders förderlich ist. Schliesslich erfahren Sie, wie Sie Lernfrust überwinden und zu einer bedeutend positiveren Einstellung kommen können.

Was das Sprachenlernen schwierig macht

Einer der Gründe, warum Erwachsene das Sprachenlernen als frustrierend empfinden, hängt mit ihren Lernerfahrungen im beruflichen und privaten Alltag zusammen. Im Alltag ist das Lernen nämlich bedeutend einfacher.

So können wir uns durch die Lektüre einer Fachzeitschrift über die aktuellsten Entwicklungen in unserem Gebiet auf dem Laufenden halten, ohne dass wir die neue Information explizit lernen müssen; darüber zu lesen reicht. Ebenso wissen wir nach dem Durchblättern einer Modezeitschrift ziemlich gut, was in der kommenden Saison angesagt ist. Und wenn Sie Hobbyköchin sind, können Sie auch ein Rezept, das Ihnen eine Freundin verraten hat, ohne grosse Mühe im Kopf behalten. Kurzum, im Alltag reicht es, eine Information zu lesen oder zu hören, und sie ist ohne Anstrengung im Gedächtnis drin. Warum?

Bei beruflichen und alltäglichen Themen sind in unserem Hirn die Wissensstrukturen bereits vorhanden, wir sind sozusagen Experten auf diesen Gebieten. Neue Information kann dadurch leicht eingefügt und mit dem bereits vorhandenen Wissen verknüpft werden. Je mehr wir auf einem Gebiet wissen und je mehr Erfahrung wir haben, desto müheloser lässt sich zusätzliches Wissen in unser Wissensnetz integrieren und speichern.

Die Hürden beim Sprachenlernen
Ganz anders sieht es bei wenig Vertrautem wie Studienstoff oder bei einer Fremdsprache aus. Da müssen die entsprechenden Wissensstrukturen im Hirn zuerst geschaffen werden. Je weniger Vorwissen da ist, je weniger Ähnlichkeit eine Sprache mit unserer eigenen aufweist, desto grösser ist der geistige Aufwand. Sie kennen das: Wörter, die in der Zielsprache ähnlich tönen, kann man sich viel leichter merken als Begriffe, die völlig anders lauten. Passives Lernen durch Hören oder Lesen reicht dann nicht mehr aus. Das Lernen muss aktiv angegangen werden – die erste Hürde.

Mit der zweiten Hürde haben Sie auch schon Erfahrungen gemacht: Es genügt nicht, die Sprache zu verstehen; es geht auch darum, dieses Wissen anwenden, die Sprache sprechen zu können. Doch der Weg vom Verstehen bis hin zum Sprechen ist lang. Es ist ähnlich wie beim Autofahren: Selbst wenn man die Verkehrsregeln bestens versteht, wenn man zudem weiss, wo Gaspedal, Bremse und Blinker sind, fühlt man sich als Anfänger unsicher. Wir müssen bei jedem einzelnen Vorgang – ob beim Abbiegen, beim Überqueren einer Kreuzung oder beim Einparkieren – enorm viel überlegen. Ein ähnliches Gefühl der Unsicherheit kommt auf, wenn man die gelernten Wörter und Sätze in einer realen Gesprächssituation anwenden will. Im Gedächtnis muss ein mühsamer Suchprozess in Gang gesetzt werden, um die Begriffe und grammatikalischen Regeln zu finden und das Ganze zu sinnvollen Sätzen zusammenzufügen.

Das Wissen allein – ob Wortschatz oder Grammatik – reicht also nicht aus, um sich mühelos auszudrücken. Anders gesagt, verstanden ist noch längst nicht gelernt. Es reicht nicht, die Wörter und Sätze zu verstehen; es geht auch um die Anwendung. Denn beim Sprachenlernen handelt es sich wie beim Autofahren, beim Snowboarden oder beim Erlernen eines Musikinstruments um eine Fertigkeit, um ein Können, das entwickelt und bis zur Automatisierung eingeschliffen werden muss. Ist man sich dessen nicht bewusst, droht Frust.

Vom Wissen zum automatisierten Können

Die Schwierigkeit beim Erwerb einer Fremdsprache ist also weniger die, dass das Vorhaben besonders hohe geistige Ansprüche stellen würde, wie beispielsweise ein Studium der Mathematik oder Physik. Die Schwierigkeit liegt vielmehr darin, dass Sprachenlernen Hingabe und Fleiss erfordert, denn die Automatisierung ist ein gradueller Prozess.[13] Vom Wissen zum Können geht es nur langsam voran, Schritt um Schritt und Runde um Runde.

Dabei können drei grosse Stufen unterschieden werden, was ich am Beispiel von Wörtern einer Fremdsprache erläutern möchte:
- **Stufe des Wissens.** Man prägt sich die Wörter ein – ihren Klang, das Schriftbild und die Bedeutung.
- **Stufe der Vernetzung.** Man trifft die Wörter beim Hören und Lesen in immer neuen Zusammenhängen an. Dadurch bilden sich zusätzliche Assoziationen (Verbindungen) in unserem Wissensnetz. Durch aktives

Lernen, also bewusste und häufige Anwendung, werden diese Verbindungen verstärkt; die Wörter werden mehr und mehr vernetzt. Man merkt, dass sie einem vertrauter werden und manchmal bereits spontan einfallen.
- **Stufe der Automatisierung.** Die Begriffe werden durch Üben und Anwenden derart verinnerlicht, dass sie uns am Ende spontan einfallen, das heisst, man kann sie ohne geistige Anstrengung aus dem Gedächtnis abrufen und im richtigen Zusammenhang einsetzen.

Besonders bei schwierigen Sprachen ist bereits die erste Stufe eine grosse Herausforderung, und auch die zweite Stufe kann nicht übersprungen werden. Damit sich die entsprechenden Verschaltungen im Hirn festigen können, braucht es Dutzende und bisweilen Hunderte von Begegnungen mit den betreffenden Wörtern, Wendungen oder Grammatikregeln.

Ist die Automatisierung geschafft, geht dafür die Anwendung mühelos. Derart tief Verinnerlichtes geht auch kaum mehr vergessen. Sie haben die Erfahrung inzwischen wohl auch gemacht: Was Sie von der Fremdsprache früher bereits automatisch beherrschen, ist auch nach langer Pause rasch wieder aufgefrischt.

ZUR SELBSTREFLEXION
1. Ertappe ich mich bisweilen dabei, dass ich übertriebene Erwartungen habe?
2. Demotiviert es mich, wenn jemand etwas besser kann, oder fordert mich dies heraus, es auch zu probieren?
3. Kann ich mir vorstellen, dass ich mit der richtigen Einstellung Lernfrust weitgehend vermeiden kann?

Die richtige Einstellung gewinnen

Ob uns das Lernen Freude bereitet, hängt nicht nur von unseren Einsichten und Erfolgserlebnissen ab, sondern auch von unserer verinnerlichten Einstellung. Wenn wir Vorbehalte hegen und die Haltung «mühsames Wörterbüffeln, langweiliger Konjugationsdrill» haben, dann wird Sprachenlernen tatsächlich zu einer unerquicklichen Angelegenheit.

Eine negative Einstellung lässt sich jedoch ändern. Ich habe dies kürzlich wieder einmal selbst erfahren. Wegen Rückenproblemen empfahl mir der

Arzt dringend ein Übungsprogramm in einem Kraftraum. In einem Kraftraum! Ich verspürte starke Vorbehalte, denn ich bewege mich lieber im Freien. Doch schliesslich siegte die Vernunft, und ich nahm das Training auf. Die Übungen an den Maschinen fand ich jedoch mühsam oder langweilig – bis ich einen alten Bekannten traf. Ihm schien es Spass zu machen, und ich fragte ihn, wie er sich motiviere. Er meinte, er müsse sich nicht motivieren, denn die regelmässigen Besuche im Kraftraum seien für ihn ein Bedürfnis. Ich realisierte dann auch gleich, warum: Wenn es anstrengend wurde, war sein «Ahh, tut das gut!» nicht zu überhören. Er genoss die Anstrengung! Darauf angesprochen erklärte er, dass er sich stets vorstelle, welchen Körperpartien eine Übung besonders gut tue, und das sei ein tolles Gefühl. Er kann sich selbst gut spüren und merkt, was ihm gut tut. Dies war für mich ein Augenöffner. Seither sehe ich das Training bedeutend positiver und möchte es mittlerweile nicht mehr missen.

Ganz ähnlich tut auch das Memorieren von Wörtern oder das Üben von Grammatikregeln den Hirnwindungen gut. Statt die Anstrengung als etwas Negatives zu sehen, sollten Sie auf das Positive achten!

Allerdings: Um vor Lernfrust gefeit zu sein, reicht eine positive Haltung noch nicht ganz aus; es braucht ausserdem die richtige Einstellung dem Lernen gegenüber. Diese hatten Sie schon mindestens einmal im Leben – als Krabbelkind.

Wenn Sie einen Krabbler beobachten, wie er versucht, aufs Sofa zu klettern oder mit seinen Klötzen einen Turm zu bauen, wissen Sie, was ich meine. Die Kleinen kommen mit ihrem Anfängerstatus bestens zurecht. Sie sind nicht gehemmt, wenn etwas nicht gleich gelingt, im Gegenteil: Etwas noch nicht zu können, ist für sie Anreiz, es erneut zu probieren und dranzubleiben, bis es geht. Sie tun dies spielerisch und äusserst konzentriert. Misslingt ein Versuch, sind sie eher überrascht als frustriert und finden das Herunterpurzeln vom Sofa oder den Einsturz des Turms oft lustig. Und wenn das Vorhaben schliesslich gelingt, platzen sie fast vor Freude. Der Stolz über die neu gewonnene Kompetenz ist riesengross.

Diese Art der kindlichen Freude und diesen Stolz sollten Sie für sich wieder entdecken!

Die Lust am Lernen entdecken

Die Autorin Barbara Sher schreibt: *«If you don't know how to learn, your worst enemy is frustration»* – Wenn Sie nicht wissen, wie man lernt, ist Frustration Ihr schlimmster Feind.[14]

Mit dem «Wie man lernt» meint Sher die richtige Einstellung dem Lernen gegenüber. Die, die man bei den Krabblern beobachten kann.

Mit der Haltung eines Krabblers zu lernen, bedeutet für Erwachsene vor allem Folgendes:
- zum Anfänger, zur Anfängerin werden
- Explorergeist entwickeln
- die kleinen Freuden wahrnehmen

Mit einer solchen Lernhaltung gibt es keine Frustration; stattdessen ist das Lernen mit Lust und Freude verbunden. Betrachten wir die angeführten Punkte etwas genauer.

Zum Anfänger, zur Anfängerin werden

Für manche Menschen ist der Zustand des Nichtkönnens schwer zu ertragen. Sie sehen nur das, was sie nicht beherrschen. Etwas nicht zu können bedeutet für sie Scham, Blamage oder gar Gesichtsverlust. Andere wiederum betrachten es als eine Beleidigung ihrer Intelligenz, wenn sie etwas auswendig lernen oder mehrmals üben müssen. Sie weichen dem Zustand des Amateurs aus und beneiden im Stillen die emsigen Schaffer. Aber Tatsache ist nun mal: Fertigkeiten erfordern insbesondere zu Beginn sehr viel Fleiss und Übung. Es gibt keine Abkürzung zum Erfolg.

Das Wort «Amateur» bedeutet im Lateinischen «Liebhaber», und echte Lernerinnen und Lerner wissen, warum: «Jedem Anfang wohnt ein Zauber inne …».[15] Achten Sie auf diesen Zauber. Versuchen Sie, die Sprache und Ihr Lernen so neugierig und unvoreingenommen wie ein Krabbler anzugehen und sich immer wieder überraschen zu lassen.

Explorergeist entwickeln[16]

Explorieren heisst erforschen, erkunden und ausprobieren. Dieses Erkunden und spielerische Ausprobieren, das Krabbelkinder so gut können, geht in den vorgegebenen Strukturen eines Kurses oder eines Online-Lernprogramms rasch verloren.

Wenn Sie Ihr Lernprojekt jedoch nach eigenem Gutdünken gestalten, wenn Sie verschiedene Materialien, Medien und Methoden ausprobieren, dann kommen Explorergeist und Entdeckerfreude ganz von selbst. Sie betrachten Ihr Lernvorhaben als ein Experimentierfeld, auf dem sich nicht nur die Sprachkenntnisse, sondern auch die Lernkünste laufend verbessern lassen. Sie sind wie ein Hobbykoch, der mit Neugier und Lust neue Rezepte und Kochtechniken ausprobiert und dabei immer mehr zum Profi wird.

Als Explorer und Forscherin in eigener Sache müssen Sie sich nichts beweisen und auch nicht gleich alles wissen. Eine explorative Lernhaltung schützt Sie vor Frustration und falschen Erwartungen. Sie sagen sich eher: «Ich könnte es einmal mit der Würfelmethode (siehe Seite 148) probieren», statt sich einzureden: «Diese Konjugationen müsste ich doch längstens können.» Oder Sie überlegen: «Wie könnte ich diese Fehler ausmerzen?», statt sich zu tadeln: «Es kann doch nicht wahr sein, jetzt habe ich diese Übung schon dreimal wiederholt und mache immer noch dieselben Fehler!» Kurzum, Sie nehmen jede Situation, wie sie ist. Sie werden kreativ und probieren etwas aus.[17]

Auch die kleinen Freuden wahrnehmen

Genauso, wie sich im Kraftraum der Fokus von der Anstrengung weg und auf das gute Gefühl hin richten lässt, kann man es auch beim Lernen tun. Im Verlaufe einer Lernsession lassen sich unzählige Mikro-Freuden und kleine Erfolgsmomente erleben, und es geht nun darum, sich diese bewusster zu machen.

Hier eine Liste solcher Freudenpunkte. Welche haben Sie auch schon so oder ähnlich wahrgenommen?

- (Freitagabend) Habe einen Blick in die Unterlagen geworfen und überlegt, was ich morgen früh anpacken will; habe es notiert. Dieses Festlegen und Notieren gibt ein gutes Gefühl, denn ich spüre, wie ich das Ruder in der Hand habe.
- (Später) Bin sehr zufrieden mit mir, weil ich es geschafft habe, die Unterlagen bereits heute hervorzuholen und die Aufgaben für morgen ganz konkret festzulegen.
- (Vor dem Einschlafen) Ich spüre, dass ich damit meine Abwehr abgebaut habe und dass ich mich sogar auf morgen freue.
- (Vor dem Einschlafen) Ich merke auch, wie souverän ich mich fühlte, als ich die Startzeit auf 8.30 Uhr festlegte.
- (Anderntags 8.25 Uhr) Ich braue mir noch einen Kaffee und bin stolz, dass ich den Start um 8.30 Uhr schaffe.
- (8.35 Uhr) Auf einen Begriff gestossen, den ich bereits aus einer Geschichte kenne. Dieses Wiedersehen macht Freude!
- (8.40 Uhr) Eigentlich ist dieses Kapitel interessanter, als ich dachte.
- (9.05 Uhr) Eben habe ich realisiert, dass mir die Konzentration nun gar nicht mehr schwerfällt.
- (9.10 Uhr) Die Übungen sitzen schon recht gut, und ich will nun die nützlichsten Sätze auf Lernkärtchen schreiben.
- (9.20 Uhr) Mit diesen Kärtchen habe ich etwas in der Hand.
- (9.25 Uhr) So, das Ganze ist auch noch im Kopf, ich bin zufrieden und habe eine Pause verdient!

Die meisten Menschen ärgern sich über Mühsames, Schwieriges und über kleine Fehler um ein Vielfaches mehr, als sie sich über positive Aspekte freuen. Sollten auch Sie dazu neigen, drehen Sie den Spiess nun um. Achten Sie fortan gezielt auf die kleinen Freuden und schärfen Sie Ihre Wahrnehmung dafür!

ZUR SELBSTREFLEXION
1. Wann macht es mir Mühe, Anfänger oder Anfängerin zu sein? Warum?
2. Wann habe ich das letzte Mal beim Lernen etwas Neues ausprobiert?
3. Welche kleinen Freuden während des Lernens kenne ich?

6. Klug repetieren

Repetieren, wiederholen, eintrainieren: Bei vielen Lernenden ist dies die unbeliebteste Aktivität. Es langweilt sie, die Sisyphusarbeit anzupacken und Wörterlisten nochmals durchzugehen, sich dieselben Sätze wieder und wieder abzufragen, Übungen erneut zu machen oder eine Episode ein weiteres Mal nachzuerzählen.

  Möglicherweise geht es Ihnen ähnlich, obwohl Sie nun öfter auf die kleinen Freuden beim Lernen achten: Sie können dem Wiederholen noch nicht allzu viel abgewinnen. Deshalb möchte ich Ihnen gleich die wichtigsten Freudenpunkte nennen.

- Wenn Sie die gelernten Wörter und Sätze nochmals abfragen oder eine Übung wiederholen, erhalten Sie schon mal Feedback und sehen den Lernfortschritt – ein oft zu wenig wahrgenommener Freudenpunkt. Sie erfahren zudem, was Sie vergessen haben, und können es sich nochmals merken.
- Am Ende einer Abfragesession ist der Geist zwar müde, aber Sie spüren auch, wie er zugleich auf angenehme Art angeregt ist. Sie haben Ihre Merk- und Abruffähigkeit trainiert, und dies führt im Kopf zu einem ähnlich guten Empfinden, wie es im Körper nach einer Stunde Sport oder Yoga wahrnehmbar ist. Achten Sie darauf.

- Das Schönste an der Sache ist aber dies: Die Repetition benötigt vergleichsweise wenig Zeit, doch damit eignen Sie sich das Gelernte erst richtig an. Sie verschaffen den Wörtern und Regeln dauerhafte Existenz im Kopf und tragen zur Vergrösserung Ihres Sprachschatzes bei. Halten Sie sich dies stets vor Augen: Jedes angeeignete Wort und jedes Satzfragment ist wie eine goldene Münze, die Ihren Sprachschatz grösser werden lässt.

Was beinhaltet kluge Repetition?

Sie repetieren klug, wenn Sie sich a) stets bewusst machen, was eine Wiederholung bewirkt, und b) wissen, worauf es bei der Repetition ankommt und dementsprechend handeln.

Zu a): Denken Sie bei jeder Wiederholung daran, dass Sie damit die Gedächtnisspur verstärken, dass Sie für eine robustere Speicherung der Wörter und Sätze sorgen und damit einen Schatz anhäufen.

Zu b): Bei der Repetition kommt es vor allem auf die folgenden drei Grundsätze an:
- Erstens, dass Sie das Gelernte frei aus Ihrer Erinnerung abrufen, statt es bloss nochmals zu überfliegen.
- Zweitens, dass Sie zu Beginn häufiger repetieren.
- Und drittens, dass Sie beim Abrufen für Abwechslung sorgen.

Diese drei Grundsätze wollen wir nun im Folgenden noch etwas genauer betrachten.

Frei aus dem Gedächtnis abrufen

Wie gehen Sie vor, wenn Sie mithilfe von Kärtchen oder einer zweisprachigen Wörterliste repetieren? Tun Sie dies aktiv, indem Sie sich zunächst den Begriff in der andern Sprache in Erinnerung rufen, oder repetieren Sie passiv, indem Sie sogleich nachsehen, wie das Wort in der andern Sprache heisst?

Ob Sie das eine oder das andere tun, macht für die kurzfristige Speicherung keinen grossen Unterschied. Wenn Sie am Vorabend einen Text nochmals lesen oder eine Wörterliste nochmals anschauen, kann dies oft für den Test am nächsten Tag reichen.

Ganz anders sieht es hingegen nach einer Woche aus: Passiv Wiederholtes ist grösstenteils vergessen. Im Gegensatz dazu sorgt eine aktive Repetition – also freier Abruf des Gelernten aus dem Gedächtnis – für eine bedeutend nachhaltigere Speicherung. Dies haben die amerikanischen Gedächtnisforscher Jeffrey Karpicke und Henry Roedinger in zahlreichen wissenschaftlichen Untersuchungen nachgewiesen.[18]

Ein aufschlussreiches Experiment…

In einer ihrer Studien mussten sich die Probanden 40 Wortpaare in Englisch und Suaheli merken, zum Beispiel *lake – ziwa* oder *boat – mashua*. Anschliessend wurde viermal repetiert. Dabei konnte die erste Gruppe in jeder Runde die ganzen Wortpaare nochmals sehen und sie nach Bedarf erneut lesen und lernen. Die zweite Gruppe wurde stattdessen abgefragt: Das Suaheli-Wort wurde vorgegeben, und die englische Entsprechung musste aus dem Gedächtnis abgerufen werden. Wenn dies nach einigen Sekunden nicht gelang, konnten die Probanden das ganze Wortpaar sehen und es sich nochmals merken. Nach den vier Repetitionsrunden hatten die Probanden beider Gruppen die Wortpaare zu 100 Prozent gelernt. Doch es zeigte sich, dass die Nachhaltigkeit nicht dieselbe war.

Eine Woche später testeten die Forscher die Kenntnisse der beiden Gruppen. Dabei wurde jedes Suaheli-Wort 15 Sekunden lang gezeigt, und in dieser Zeitspanne musste die englische Entsprechung eingetippt werden. Der Unterschied der beiden Gruppen war eklatant: Während bei der ersten Gruppe 36 Prozent der Wortpaare erinnert wurden, waren es bei der zweiten Gruppe satte 80 Prozent!

…und die Erkenntnis daraus

Das Gelernte zunächst frei aus dem Gedächtnis abzurufen, sich abzufragen und zu testen, ist also eine bedeutend wirkungsvollere Repetitionsstrategie, als die Dinge bloss nochmals anzuschauen oder nachzulesen.

Es ist zwar anstrengender, das Gelernte aus der Erinnerung abzurufen, als es lediglich nochmals zu lesen und zur Kenntnis zu nehmen. Aber gerade diese Anstrengung macht den Unterschied. Wenn wir ein fremdsprachiges Wort aus unserem Gedächtnis abrufen, aktivieren wir die entsprechenden Areale im Gehirn bedeutend stärker, als wenn wir dasselbe Wort nur sehen und lesen. Dementsprechend wird auch die Spur im Gedächtnis mehr gestärkt, was die Speicherung robuster macht.

FÜR ÄLTERE SEMESTER

40 Suaheli-Wörter lernen, das Ganze viermal repetieren und sich nach einer Woche noch an 80 Prozent davon zu erinnern – davon können ältere Lernende nur träumen. Doch statt zu träumen, stellen Sie sich besser der Realität und erlauben sich so viele Lern- und Repetitionsrunden, wie Sie eben benötigen. Rufen Sie sich das Gelernte öfter in Erinnerung, statt es bloss nochmals zu lesen. Sie trainieren damit auch gleich Ihre Merk- und Abruffähigkeit. Vergessen Sie dabei nicht, auf das schöne Gefühl der anregenden Anstrengung im Kopf zu achten!

Zu Beginn häufiger repetieren

Nicht alles, was wir lernen, bleibt lange im Gedächtnis haften. Das Vergessen geht unterschiedlich rasch, wie Sie anhand der Vergessenskurven in der untenstehenden Figur erkennen können.

Am flachsten verläuft die Kurve bei neu aufgefrischten, aber von früher bekannten Wörtern und Gedächtnisinhalten; ebenso bei Wörtern, die in unserer Sprache ähnlich lauten. In diesen Fällen war bereits eine Gedächtnisspur vorhanden (Kurve a).

Etwas steiler verläuft die Kurve bei Inhalten, die mittels Eselsbrücke oder andern Gedächtnishilfen memoriert werden. Das heisst, die Gedächtnisspur ist weniger stark (Kurve b).

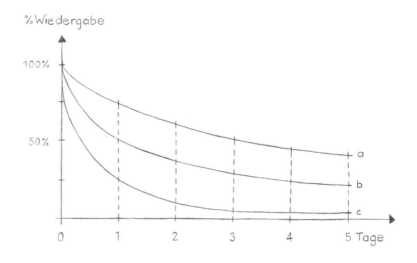

Wird etwas völlig Neues durch reine Wiederholung eingeprägt, ist die Gedächtnisspur am schwächsten, und die Vergessenskurve fällt noch steiler ab (Kurve c).[19]

Unabhängig davon, ob das Vergessen rascher oder langsamer vor sich geht – die Kurven zeigen, dass der Abbau jeweils zu Beginn am stärksten ist. Fragen Sie deshalb das Gelernte nach einem Tag nochmals ab. So ist das meiste noch vorhanden, und Sie können die Gedächtnisspur gleich weiter stärken.

Für spätere Repetitionsrunden reichen grössere zeitliche Abstände, insbesondere beim Auffrischen von früher schon mal Gelerntem. Da in diesem Fall die Vergessenskurve ziemlich flach verläuft, ist der zeitliche Abstand weniger kritisch als bei neu gelerntem Material. Wiederholen Sie die Abfrage nach ungefähr einer Woche sowie nach einem Monat. Wichtig ist in jedem Fall, dass Sie das Gelernte in Erinnerung rufen, solange es noch abrufbar ist (siehe auch Seite 165).

> **VOR DEM EINSCHLAFEN REPETIEREN**
> Am wirkungsvollsten ist die Repetition am Abend, am besten vor dem Einschlafen. Der Schlaf verhilft den neuen Gedächtnisinhalten zur Festigung. ∎

FÜR ÄLTERE SEMESTER
Der zeitliche Abstand von einer Woche beziehungsweise von einem Monat fürs Repetieren ist für Sie möglicherweise zu gross. Wenn Sie merken, dass Sie nach einer Woche allzu viel vergessen haben, schalten Sie zusätzliche Repetitionsrunden dazwischen. Hilfreich ist dabei die Lernkartei (siehe Seite 169).

Für Abwechslung sorgen

Das Repetieren lässt sich sowohl systematisch als auch spielerisch angehen; Sie können es allein oder mit anderen tun, dabei laut oder leise sein, es am Tisch, im Bett oder beim Spazieren machen – je mehr Möglichkeiten Sie nutzen, je mehr Abwechslung Sie hineinbringen, desto grösser ist der Lerneffekt.

Sie wissen: Repetieren bedeutet, sich an das Gelernte zu erinnern, das heisst, es möglichst frei aus dem Gedächtnis abzurufen, es aktiv ins Bewusstsein zu bringen – statt es sich bloss passiv durch nochmaliges Lesen oder Hören zu Gemüte zu führen.

Doch was heisst «möglichst frei» aus dem Gedächtnis abrufen? Gänzlich frei ist der Abruf, wenn Sie sich zum Beispiel vergegenwärtigen, was Sie in der letzten Lernsession gelernt haben oder sich – ohne auf das Blatt zu schauen – an die neuen Wörter in einem bearbeiteten Text erinnern. Auch wenn Sie bei der Repetition mit einer zweisprachigen Vokabelliste die eine Seite abdecken, um sich abzufragen, kann der Abruf als frei betrachtet werden. Dasselbe gilt für die Abfrage mithilfe von Vokabeltrainern oder Lernkärtchen. Etwas weniger frei ist der Abruf, wenn der Wortanfang vorgegeben ist oder wenn es darum geht, in vorgegebenen Sätzen eine Lücke zu füllen. Doch auch dies ist wirkungsvoller, als bloss passiv zu repetieren.

Als Ergänzung zu den bereits erwähnten Methoden möchte ich Ihnen nun noch die Sofa-Methode und die Lückentext-Methode erläutern.

Die Sofa-Methode
Die Sofa-Methode ist ganz einfach: Sie legen sich aufs Sofa oder aufs Bett und lassen das zuvor bearbeitete Material nochmals Revue passieren. Sie versuchen, sich in Ruhe an alles, was Sie während der letzten Lernsession bearbeitet und gelernt haben, zu erinnern: Sie sehen die Seite mit der kleinen Geschichte vor sich und kitzeln die gelb markierten Wörter aus dem Gedächtnis, Sie vergegenwärtigen sich die Regeln mit der indirekten Rede und die Sätze, die Sie dabei aufgeschrieben haben, und Sie lassen die fünf Wörter auf dem Post-it-Zettel im Bad nochmals Revue passieren. Kurz, Sie aktivieren die Gedächtnisinhalte noch einmal.

Vielleicht halten Sie dazu die Unterlagen griffbereit, um ab und zu etwas nachzusehen, vielleicht praktizieren Sie diese Art des freien Abrufs lieber beim Spazieren, im Zug oder während einer langweiligen Tätigkeit. Wo immer Sie es tun – Sie sind entspannt und auf geistigen Freilauf eingestellt; Sie sinnieren und assoziieren, Sie lassen die inneren Bilder und Stimmen geduldig zum Vorschein kommen. Sie schweifen bisweilen auch ab und erinnern sich an zuvor Gelerntes oder führen imaginäre Dialoge.

Der Kernpunkt der Sofa-Methode ist die Entspannung, denn im entspannten Zustand haben Sie den besten Zugang zur Erinnerung. Vielleicht

I ■■■ VERGESSENES AUFFRISCHEN

fällt Ihnen zu Beginn wenig Konkretes ein. Lassen Sie sich dadurch nicht entmutigen. Wie jede Methode benötigt auch diese etwas Übung.

Achten Sie dabei noch auf einen weiteren Punkt: Denken Sie bereits während des Lernens stets daran, dass Sie sich das neue Wissen später nochmals in Erinnerung rufen wollen. So merken Sie sich die Dinge von Anfang an bedeutend bewusster. Der Effekt ist phänomenal. Probieren Sie es aus!

Gut möglich, dass die Sofa-Methode nach ein paar Versuchen auch bei Ihnen zur Lieblingsmethode avanciert. Denn was gibt es Schöneres, als es sich auf dem Sofa bequem zu machen und in Ruhe das Gelernte nochmals zu aktivieren?

Die Lückentext-Methode

Lückentexte sind so reizvoll wie Kreuzworträtsel und eignen sich schon deswegen ausgezeichnet dazu, Abwechslung ins Repetieren zu bringen. Wenn Sie noch dazu die Lücken selbst produzieren, können Sie ganz gezielt auf diejenigen Wörter setzen, die Sie aktiv beherrschen möchten. Als Textvorlage eignet sich jeder Inhalt, der Ihnen nützlich erscheint und Ihrem sprachlichen Niveau entspricht.

Lückentexte lassen sich verfertigen, indem man von einem ausgewählten Text eine Kopie macht und die gewünschten Stellen mit Tipp-Ex überstreicht. Einfacher ist es jedoch, wenn Sie die Stellen mit einem dunkelblauen Filzstift übermalen. Der Clou dabei ist der, dass das Übermalte (also die Lösung) noch ein wenig sichtbar bleibt. Um die Lücken ohne diese Unterstützung abzurufen, stecken Sie das Blatt in eine gelbe oder orange Aktenhülle. So ist das Übermalte unsichtbar.

Natürlich liessen sich Lückentexte auch mit einem Textverarbeitungsprogramm erstellen, doch der Zeitaufwand ist bedeutend grösser.

Bevor Sie mit dem Übermalen beginnen, sollten Sie etwas Abstand nehmen und schon mal diejenigen Wörter und Sätze, die Sie nicht aktiv lernen wollen, durch eine Klammer aussortieren.

Beim Übermalen lassen sich unterschiedliche Schwerpunkte setzen, zum Beispiel:
- Jedes fünfte Wort übermalen. Mit fünf Versionen decken Sie so die ganze Textvorlage ab.
- Nur die schwierigen Wörter und Wendungen übermalen. Damit sind Begriffe gemeint, die man versteht, aber auch aktiv beherrschen möchte.
- Nur Verben übermalen. So lassen sich neben den korrekten Tätigkeitswörtern auch die Zeitformen einüben.
- Nur die kleinen, kniffligen Wörter wie *on, off, at, for* übermalen.
- Das Ende der Sätze übermalen.
- Das Übermalen zur Abwechslung einem Familienmitglied überlassen und so zu einer Überraschungsversion kommen.

In den Lehrbüchern sind die fehlenden Wörter oft gleich in der Zielsprache aufgeführt und müssen nur noch richtig ausgewählt und in die Lücken eingefügt werden. Das Ausfüllen vereinfacht sich zwar dadurch, aber die Lernwirkung ist bedeutend geringer.

Um das aktive Lernen zu fördern, sollten die fehlenden Wörter entweder auf Deutsch oder, noch wirkungsvoller, gar nicht vorgegeben sein. Machen Sie es so: Sorgen Sie beim Kopieren für einen breiten Rand, vermerken Sie die deutschen Begriffe und falzen Sie diesen Rand für die schwierigere Übungsversion nach hinten um.

Warum ist die Version ohne vorgegebene Wörter die wirkungsvollste? Sie zwingt Sie, im Zusammenhang zu denken und nicht nur isolierte Wörter, sondern den Sinn des Satzes, des Abschnittes und des ganzen Textes im Auge zu behalten. Dadurch trainieren Sie das Erschliessen von unbekannten Ausdrücken. Dieses Training ist auch nützlich im Hinblick auf das Hör- und Leseverstehen (siehe Seite 94).

Die Urwald-Analogie

Zum Schluss dieses Kapitels übers Repetieren möchte ich Ihnen mit der Urwald-Analogie noch ein Bild vermitteln, das Ihnen den Nutzen des Wiederholens auf eine andere Weise aufzeigen kann.

Stellen Sie sich vor, das Hirn mit seinem dichten Gestrüpp von Neuronen (Nervenzellen) sei ein schwer zu durchdringender Urwald. Sich ein neues Wort oder eine Grammatikregel einzuprägen bedeutet, durch dieses Dschungelgestrüpp einen Pfad zu schlagen, was beim ersten Mal weitaus am mühsamsten ist. Beim zweiten Durchgang geht es bereits besser voran, denn die Spur im Neuronendickicht des Gehirns ist bereits vorgebahnt. Je öfter Sie fortan mit dem Buschmesser den Pfad frei machen – das heisst, das Gelernte repetieren –, desto leichter kommen Sie durch. Der Pfad wird mit der Zeit zur Strasse und dann zu einem Highway wie die Transamazônica – Ihr Wissen ist nun derart gefestigt, dass Sie es ohne Überlegung ganz automatisch abrufen können. Sollten Sie den Pfad nach den ersten paar Durchgängen nicht mehr weiter nutzen, wächst er bald wieder zu. Die Spur verschwindet oder, anders ausgedrückt, das Gelernte geht vergessen.

ZUR SELBSTREFLEXION

1. Welche der beschriebenen Repetitionsmethoden habe ich bis jetzt am häufigsten genutzt? Welche will ich ausprobieren?
2. Bin ich beim Verfertigen von Listen, Kärtchen und Lückentexten selektiv genug?
3. Ist mir klar, dass auch Lückentextübungen wiederholt sein wollen und dass ich mir die schwierigen Stellen extra einprägen muss?

Teil II: Die Kenntnisse erweitern und vertiefen

7.	Die Herausforderungen kennen	73
8.	Den Schwerpunkt zum Sprechen hin verschieben	78
9.	Im Tandem lernen	86
10.	Das Hör- und Leseverstehen verbessern	94
11.	Am Sprachschatz arbeiten	102
12.	An kommunikativer Sicherheit gewinnen	116

Ihre Kenntnisse sind nun aufgefrischt; Sie bewegen sich ungefähr auf B1-Niveau, doch Sie geben sich damit nicht zufrieden. Sie möchten Ihre sprachlichen Fertigkeiten ausbauen und sich sicherer fühlen – um bei Nachrichten und Filmen mehr zu verstehen, um mühelos Bücher zu lesen und vor allem auch, um flüssiger zu sprechen und sich besser auszudrücken.

Ausserhalb der Sprachregion sind die Sprechgelegenheiten jedoch rar. Sie können dennoch für den nötigen Austausch sorgen, wenn Sie sich mit Muttersprachlern zu einem Sprachtandem zusammentun. Das Tandemlernen ist die wirkungsvollste aller Möglichkeiten, um das Sprechen fern vom Zielland einzuüben und sich sprachlich zu verbessern.

Wie Sie eine solche Tandempartnerschaft optimal nutzen, wird der erste Schwerpunkt in diesem Teil über das Vertiefen sein. Doch auch die übrigen Sprachfertigkeiten wollen erweitert, der Sprachschatz will ausgebaut sein. Eines kann ich Ihnen versichern: Je autonomer und selbstbestimmter Sie das Lernen anpacken, desto reizvoller ist es, ein höheres Sprachniveau anzupeilen.

7. Die Herausforderungen kennen

Als mir neulich eine Bekannte erzählte, sie habe die B1-Prüfung bestanden, fragte ich sie, ob sie nun mit ihrem Englischlernen weitermachen wolle. Sie nickte etwas zögerlich und meinte, es sei nicht einfach, sich zu motivieren, da der Stoff immer schwieriger werde. Ich versuchte, ihr klarzumachen, dass es ab diesem Niveau doch auch bedeutend interessanter werde und dass sie nun das *Cosmopolitan* auf Englisch lesen könne. Denn es war ihr noch nie in den Sinn gekommen, die englische Ausgabe ihres Lieblingsmagazins zu kaufen.

Mit einem Grundwortschatz von rund 2000 Wörtern kann man sich ohne grössere Schwierigkeiten authentisches Material zu Gemüte führen. Das heisst, Sie können Magazine oder einfache Krimis lesen, TV-Sendungen verfolgen oder DVDs in der Zielsprache ansehen. Das Wichtigste lässt sich dabei verstehen, ohne dass man gleich jeden unbekannten Begriff nachsehen muss.

Wenn Sie sich neben dem Durcharbeiten Ihrer Unterlagen auch an Authentisches wagen und bei der Auswahl Ihren Vorlieben und Hobbys folgen, wird das Sprachenlernen erst richtig interessant. Aber klar, mit dem grösseren Radius nehmen auch die Herausforderungen zu. Der Stoff zieht immer weitere Kreise und scheint bisweilen uferlos. Es gibt unendlich viele neue Wörter und Wendungen, die gelernt sein wollen – und auch punkto Grammatik gibt es noch einiges zu tun.

Damit Sie sich dabei nicht verzetteln, ist es unerlässlich, zu überlegen, wie, wie weit und in welche Richtung Sie Ihre sprachlichen Fertigkeiten entwickeln wollen. Ist dies geklärt, geht es wiederum darum, sich gut zu organisieren. Packen wir diese Herausforderungen an![20]

Die vier Grundfertigkeiten weiter entwickeln

Bekanntlich geht es beim Sprachenlernen um mehr als um den Erwerb von Wissen: Eine Sprache zu verstehen und sich darin gut auszudrücken, ist eine Fertigkeit. Diese lässt sich in vier Grundfertigkeiten unterteilen: das Hören und das Lesen – oder, präziser gesagt, das Hörverstehen und das Leseverstehen – sowie das Sprechen und das Schreiben:[21]

Input, rezeptiv	Output, produktiv
Hörverstehen	Sprechen
Leseverstehen	Schreiben

Wir werden uns im Folgenden diese Fertigkeiten vornehmen. Am einfachsten ist es, beim Lesen so viel wie möglich zu verstehen. Schwieriger ist das Hörverstehen. Noch anspruchsvoller ist es, produktiv zu werden und zu schreiben. Der höchste Berg, den es zu bewältigen gilt, ist jedoch das Sprechen.

Aus diesem Grund werde ich Sie im übernächsten Kapitel zum Tandemlernen ermuntern. Im Tandem tun sich zwei Lernende unterschiedlicher Muttersprache zusammen, die die Sprache des jeweils andern lernen möchten. Dazu trifft man sich regelmässig, um zunächst in der Sprache des einen und, nach der Halbzeit, in der Sprache des andern zu sprechen und sich gegenseitig zu korrigieren. Probieren Sie es und Sie werden sehen: Der regelmässige Austausch mit Muttersprachlern haucht Ihrem Lernprojekt ganz neues Leben ein! Die Tandemtreffen regen unglaublich an und geben immer wieder neuen Schub.

Sich gut organisieren

Je besser Sie wissen, was genau Sie lernen wollen, desto besser gelingt es Ihnen, Ihr Lernen selbst zu organisieren und dabei spürbare Fortschritte zu erzielen.

Möchten Sie besser und flüssiger sprechen können? An der Aussprache feilen? Den Wortschatz derart erweitern, dass Sie die TV-Nachrichten verstehen, Krimis lesen oder Kochrezepte mühelos begreifen? Benötigen Sie die Zielsprache im Beruf, müssen Sie in der Sprache verhandeln oder schreiben können? Oder nutzen Sie sie auf Reisen, und wollen Sie auch Dialekte verstehen?

Denken Sie über Ihr längerfristiges Ziel nach. Klären Sie es konkret, sodass es Ihnen stets als Leitstern dienen kann. Zum Beispiel: «Ich möchte meine Spanischkenntnisse bis zum C-Niveau (inklusive C1-Prüfung) ausbauen und dazu noch bedeutend flüssiger sprechen können.»

Ein solches Vorhaben lässt sich auch im Selbststudium und mit Tandemlernen bestens erreichen. Um darauf hinzuarbeiten, setzen Sie kurz- und mittelfristige Schwerpunkte und konzentrieren sich so lange wie nötig darauf. Die Bearbeitung bestimmter Lektionen eines Lehrbuchs oder die gründliche Lektüre eines Romans können solche Schwerpunkte sein, genauso wie die gezielte Verbesserung einer Teilfertigkeit, die Erweiterung des Fachwortschatzes oder die vertiefte Kenntnis der besonderen Ausdrucksweisen bei der Korrespondenz. Wenn Sie sich ausserdem für die offizielle C1-Prüfung anmelden, hilft dies, an der Umsetzung Ihres Vorhabens dranzubleiben. Ausserdem machen sich Sprachdiplome in jedem Lebenslauf gut.

So können Sie beginnen

Lesen Sie zunächst die Kapitel dieses zweiten Teils und beschaffen Sie sich das nötige Material. Studieren Sie im Internet die TV-Programme und sehen Sie schon mal in Sendungen hinein, die Ihnen interessant erscheinen. Suchen Sie einen Tandempartner oder eine Tandempartnerin (siehe Seite 86).

Gönnen Sie sich wie beim Auffrischen zunächst eine Anwärmzeit. Machen Sie sich in diesem Zeitraum mit dem Material, den Methoden sowie dem Lernen im Tandem vertraut. Stellen Sie dann Ihr Programm zusammen wie in Kapitel 3 (siehe Seite 34) beschrieben.

> **FluentU**
>
> Haben Sie sich auch schon gewünscht, Youtube-Videos in Ihrer Zielsprache wären untertitelt, damit man sie besser versteht? Unter dem Suchbegriff «FluentU» finden Sie ein Online-Programm mit einer vielfältigen Auswahl von Videos, die in die Originalsprache transkribiert und mit einem *Dictionary* (diesen gibts nur auf Englisch) versehen sind. 50 Videos in jeder Sprache sind kostenlos. ■

Kursbesuch oder Selbststudium?

Was spricht für einen Kursbesuch, was für das selbstbestimmte Vertiefen in Kombination mit einem Sprachtandem? Die beiden Wege sind unterschiedlich, doch sie schliessen sich gegenseitig nicht aus, im Gegenteil: Einmal den einen, dann den andern Weg zu beschreiten, kann anregend sein. Und wenn Sie genügend Zeit zur Verfügung haben, lässt sich gleich alles miteinander kombinieren.

Doch wie gesagt: Nur wenn Sie in der Lage sind, selbständig zu lernen, haben Sie überhaupt die Wahl. Nur als autonomer Lerner, als autonome Lernerin können Sie nach Lust und Laune mal den einen, mal den andern Weg einschlagen. Bekanntlich lässt sich Autonomie nur erproben, wenn man eine Weile auf sich allein gestellt ist. Das Auffrischen (Teil I) war eine gute Gelegenheit dafür. Ich möchte Sie jedoch auch beim Vertiefen Ihrer Kenntnisse ermuntern, es zunächst in Eigenregie zu versuchen.

Gehen Sie nämlich Ihr Lernprojekt selbstbestimmt an, können Sie eine ganz andere, eine persönlichere und nähere Beziehung zur Sprache und auch zum Material entwickeln. Dadurch werden Sie dem Lernen je länger je mehr Freude abgewinnen. Und was das Allerschönste ist: Sie können als Zugabe das beglückende Gefühl von Freiheit und innerer Stärke spüren, das man nur beim autonomen Tun erfahren kann.

Von Kursen profitieren

Mit einem Bekannten, der einen Japanischkurs besucht, diskutierte ich kürzlich über die Schwierigkeit des Memorierens. Obwohl ihm klar ist, dass einem dies auch die beste Lehrkraft nicht abnehmen kann, vertrat er die Ansicht, Japanisch lasse sich ohne Kursbesuch nicht lernen. Er schätzt vor allem, dass die Lehrerin zusätzlich vieles über die Lebensweise und Kultur vermitteln kann. Zwar erfährt man im Tandem darüber mindestens so viel. Auch auf den wöchentlichen Motivationsschub, den ein Kursbesuch bietet, muss man in einer lebendigen Tandempartnerschaft nicht verzichten. Doch auch von Kursen kann man profitieren.

So liebe ich es zum Beispiel, von Zeit zu Zeit einen Feriensprachkurs zu besuchen oder mir im Zielland ein paar private Konversationsstunden zu gönnen (siehe Seite 182). Dies bringt frischen Wind ins Lernen und sorgt für Abwechslung. Auch mag ich den Kontakt zu andern Kursteilnehmern. Dazu kommt, dass ich es in arbeitsintensiven Zeiten schätze, für eine Weile die Verantwortung für das Lernprogramm und das Material abzugeben und mir die Dinge erklären zu lassen, statt selbst nachzuschlagen. Es ist so ähnlich, wie ich es im Ferienhotel mag, mich täglich vom Menü überraschen zu lassen, obwohl ich, zurück im Alltag, gerne koche.

Damit man von einem Kurs profitiert, muss er passen. Dies hängt hauptsächlich von drei Faktoren ab: vom Niveau, von der Lehrkraft und von der Klassendynamik. Alle drei Faktoren sollten stimmen.

Um den passenden Kurs zu finden, rate ich Ihnen, bei zwei oder drei Kursen hineinzuschauen. So können Sie gleich sehen, wo es Ihnen behagt und wo nicht.

ZUR SELBSTREFLEXION

1. Brauche ich den wöchentlichen Motivationsschub eines Kurses oder könnte ich es ein Semester lang auf eigene Faust probieren?
2. Wenn ich einen Kurs besuche: Neige ich zur Konsumhaltung, mache ich die Lehrkraft für den Lernerfolg verantwortlich?
3. Habe ich das Gefühl von Freiheit, das man verspürt, wenn man etwas in Eigenregie anpackt, auch schon erlebt?

8. Den Schwerpunkt zum Sprechen hin verschieben

Kennen Sie das *Fish-and-Chips*-Syndrom? Der Begriff stammt vom Sprachforscher Keith Johnson, und es äussert sich folgendermassen: Wenn ein Anfänger auf seiner ersten Englandreise *Fish and Chips* probieren möchte, sagt er zum Beispiel so etwas Ähnliches wie *Give to me fish and chips*.[22] Natürlich ist diese Ausdrucksweise holperig, aber er hat Erfolg damit. Deshalb sieht er keinen Grund, etwas zu ändern oder gar zu lernen, dass *I'd like fish and chips please* besser klingt.

Sie sind zwar kein Anfänger, keine Anfängerin mehr, doch vielleicht neigen Sie trotzdem gelegentlich zu diesem Syndrom. Achten Sie darauf, denn auf dem fortgeschrittenen Niveau geht es nicht nur darum, sich verständlich zu machen, sondern auch darum, sich möglichst gut auszudrücken.

Sollten Sie Ihre Kenntnisse bis anhin vorwiegend stumm aufgefrischt haben, ist es nun höchste Zeit fürs Sprechen. In diesem Kapitel geht es erst einmal um die Artikulation, also darum, den Mund zu öffnen und laut und deutlich zu lesen oder Gehörtes nachzusprechen. Dann wird es anstrengender, denn bei der *Read-and-look-up*-Methode wird dazu noch das

Kurzzeitgedächtnis gefordert. Schliesslich möchte ich Ihnen einige Ideen geben, wie man sich auf typische Kommunikationssituationen vorbereiten kann. Dazu gehört auch die Überwindung der Redehemmung.

Mit häufiger Artikulation beginnen

Der Übergang vom stummen Lernen zum freien Sprechen ist oft derart schwierig, dass man besser einen Zwischenschritt einlegt und sich erst einmal im Artikulieren übt. Ohne Zungenfertigkeit ist es nämlich gar nicht einfach, auch nur einen kurzen Text laut und deutlich vom Blatt zu lesen. Wenn Sie dabei oft zögern oder stolpern, ist Üben angesagt.

Die Zungenfertigkeit trainieren
Um die Zungenfertigkeit zu verbessern, benötigen Sie einmal mehr Ihre Lieblingstexte inklusive Hörversion. Arbeiten Sie mit kurzen Textabschnitten und gehen Sie über die folgenden drei Runden:

1. Hören und gleichzeitig mitlesen. Achten Sie in dieser ersten Runde besonders auf die Aussprache. Was bringt es, die Wörter simultan mitzulesen? Durch den gleichzeitigen Gebrauch der beiden Sinneskanäle werden Klang und Schriftbild verknüpft. Sie merken dies daran, dass Sie beim stillen Lesen innerlich die Stimme hören können. Dadurch wird Ihnen auch die korrekte Aussprache leichter fallen.

2. Sich laut vorlesen. Lesen Sie sich nun den Text laut und deutlich vor. Schlüpfen Sie dabei in die Rolle der Rezitatoren und versuchen Sie, deren Aussprache möglichst gut zu imitieren (mehr dazu auf Seite 155). Treiben Sie dann das Spiel noch etwas weiter, übertreiben Sie, flüstern Sie, sprechen Sie mal so schnell es geht, dann wieder betont langsam und dramatisch.

Weil beim Lesen die Wörter und Sätze vorgegeben sind, können Sie sich voll auf die Nachahmung der Aussprache und auf die Feinmotorik des Sprechvorgangs konzentrieren. Dies ist wichtig, denn auch die Bewegungen der Sprechwerkzeuge – der Lippen, der Zunge, des Gaumens, des Rachen- und Nasenraums, des Kehlkopfs sowie der Atmungsorgane – wollen eingeübt sein.

TIPP *Nutzen Sie die Recorderfunktion Ihres Handys. Zeichnen Sie Ihren Output auf und vergleichen Sie ihn mit der Audiovorlage.*

3. Hören und unverzüglich nachsprechen. Das Gehörte wie ein Echo sogleich nachzusprechen ist schwieriger, als laut mitzulesen. Die Sprechgeschwindigkeit der Vorlage ist oft ziemlich hoch; wenn Sie den Faden verlieren, setzen Sie einfach wieder ein. Meistens lässt sich gar nicht alles nachsprechen. Sie müssen auch nicht derart rasch wie Muttersprachler sprechen können. Wenn Sie sich aber ab und zu in schnellerer Artikulation üben, werden Sie bald feststellen, dass die Zungenfertigkeit bei jeder Wiederholung etwas besser wird und die Sequenzen, die Sie zusammenhängend nachsprechen können, immer länger werden.

Obwohl diese Übungen vergleichsweise einfach sind, ist die Wirkung enorm. Nicht nur Ihre Sprechmuskulatur und Ihr Artikulationsvermögen werden trainiert. Sie merken zudem, wie Sie an Energie gewinnen und wie es Ihren Geist anregt, wenn Sie sich einen kurzen Text laut und deutlich vorlesen.[23] Nicht verwunderlich, denn durch gleichzeitiges Lesen und Sprechen sowie das Hören der eigenen Stimme werden sämtliche involvierten Areale im Gehirn simultan aktiviert.[24] Diese Aktivierung wirkt sich zudem positiv auf die Behaltensleistung aus.[25]

Sich zu Beginn einer Lernsession jeweils einen kurzen Text laut und deutlich vorzulesen, ist deshalb eine wunderbare Aufwärm- und Aktivierungsübung für den Geist. Probieren Sie es aus!

ZUR SELBSTREFLEXION
1. Merke ich beim lauten Lesen und beim Nachsprechen, dass die Sprechmuskulatur Training benötigt?
2. Was fällt mir beim Abhören der Handy-Aufzeichnung an meiner Aussprache auf?
3. Spüre ich, dass sowohl lautes Lesen als auch Nachsprechen den Geist aktiviert?

Die *Read-and-look-up*-Methode praktizieren

Bei dieser Methode wird nicht mehr bloss vom Blatt abgelesen; Sie lesen den Text vielmehr Satz für Satz und reproduzieren ihn frei aus dem Gedächtnis. Das Verfahren wurde vor über 50 Jahren entwickelt, um Dialoge einzuüben, und hat sich bewährt.[26] Man kann es zu zweit oder für sich allein praktizieren, die Idee bleibt stets dieselbe: Sie gehen von einem Text aus, den Sie für Ihr Sprachenlernen als nützlich erachten. Von dieser Vorlage lesen Sie den ersten Satz *(read)*, und zwar derart aufmerksam, dass Sie ihn eine Weile im Kopf behalten können. Bei langen Sätzen kann es auch ein Fragment sein; Sie werden rasch herausfinden, wie viel aufs Mal Sie sich merken können. Dann schauen Sie weg vom Blatt *(look up)*, wenden sich dem realen oder fiktiven Gegenüber zu und reproduzieren den Satz wortwörtlich und so lebendig wie ein professioneller Schauspieler oder eine Schauspielerin. So geht es Satz für Satz weiter.

Die *Read-and-look-up*-Methode ist äusserst wirkungsvoll, um a) grammatisch korrekte Sequenzen einzuüben und b) sich an das freie Sprechen zu gewöhnen.

Das Reproduzieren ist unterschiedlich schwierig, je nachdem, ob der Text einfach oder anspruchsvoller ist. Als Erstes wird die Merkfähigkeit gefordert, denn der Satz will nicht nur gelesen, sondern auch für kurze Zeit gespeichert werden, und zwar präzise. Dann geht es um die Reproduktion, die Wiedergabe. Dafür muss der Satz wieder aus dem Gedächtnis abgerufen werden. Die Wiedergabe soll dazu noch lebendig und natürlich wirken. Hemmungen und Befürchtungen können dies verhindern. Betrachten wir daher diese Punkte etwas genauer.

Die Merkfähigkeit üben

Merkfähigkeit bedeutet, etwas über einige Sekunden oder Minuten im Kurzzeitgedächtnis (öfter auch Arbeitsgedächtnis genannt) zu behalten und wiedergeben zu können. Diese Fähigkeit ist nicht bei allen Menschen gleich gut entwickelt. Sie hängt von Faktoren wie der Gedächtniskapazität und der Aufmerksamkeit ab; aber auch die jeweilige Befindlichkeit spielt eine Rolle. Im entspannten Zustand lassen sich die Dinge besser merken als im Stress. Einen Einfluss hat auch das Vorstellungsvermögen.

Dank des Vorstellungsvermögens machen die Sätze Sinn, und wir können sie uns leichter merken, auch wenn sie mehr als fünf bis sieben Wörter enthalten. Mit etwas Übung werden Sie folgenden Satz bald vollständig memorieren und reproduzieren können:

When the full moon had risen, Hansel took his little sister by the hand and followed the pebbles that glittered like newly minted silver coins and showed them the way.

Je häufiger Sie sich bewusst Dinge merken, je öfter Sie auswendig lernen, desto besser werden Sie darin (siehe auch Seite 149). Fordern Sie deshalb Ihre Merkfähigkeit ruhig etwas. Mit der *Read-and-look-up*-Methode lässt sich dies bestens tun – und es dient einem guten Zweck! Was Sie auf diese Weise an Sätzen und Redewendungen gelernt haben, können Sie immer wieder gebrauchen.

FÜR ÄLTERE SEMESTER
Die Merkfähigkeit lässt im Alter nach. Doch dies lässt sich durch Eselsbrücken (siehe Seite 162) sowie vermehrtes Repetieren und Üben wettmachen. Denken Sie dabei stets daran: Frustriert ist man nur dann, wenn die Erwartungen nicht der Realität entsprechen.

Hemmungen und Befürchtungen beim Sprechen hinterfragen
Wer kennt sie nicht, die Hemmungen und Befürchtungen beim Sprechen? Die einen spüren sie etwas mehr, die anderen etwas weniger. In manchen Situationen sind sie weg, und man fühlt sich frei; in anderen sind sie wieder da, und man ist befangen oder gar blockiert.

Frei und ohne Hemmungen sprechen können fast alle Lernenden dann, wenn es lediglich darum geht, zu grüssen, einen Kaffee zu bestellen oder sich zu bedanken. Das heisst, wenn sie Dinge sagen, die sie in der fremden Sprache bereits aus dem Effeff beherrschen.

Wenn ihnen hingegen die Wörter und Grammatikregeln nicht geläufig sind und es mühsam ist, Sätze zu formulieren, dann stellen sich Hemmungen ein. Manche Menschen sind von Natur aus schüchtern und haben wenig Selbstvertrauen. Andere befürchten, den eigenen Ansprüchen nicht zu genügen, einen schlechten Eindruck zu machen, dumm zu wirken oder das Gesicht zu verlieren.

Eine Möglichkeit, die Hemmungen zu überwinden, ist deshalb, die Dinge schon mal gründlicher zu lernen und sich auf Gesprächssituationen vorzubereiten. Man kann obendrein auch die Einstellung ändern, denn genauso wie der Frust beim Lernen sind auch die Hemmungen und Befürchtungen selbstgemacht. Mit unseren Ansprüchen und Illusionen stehen wir uns oft selbst im Weg. Sie erinnern sich: Ein Krabbler hat noch keine Ansprüche (siehe Seite 57). Er liebt es, Anfänger zu sein und Tag für Tag dazuzulernen. Dieses Grundprinzip ist der Schlüssel: Bleiben Sie beharrlich, probieren Sie aus und versuchen Sie, den Anfängerstatus zu lieben.

 HINWEIS *Der Schweizer Flugpionier Oscar Bider hat einmal gesagt: «Mut heisst, Angst haben und es dennoch tun.»* Beherzigen Sie dies!

ZUR SELBSTREFLEXION
1. Wie lange darf ein Satz in der Zielsprache sein, damit ich ihn fehlerlos wiedergeben kann?
2. Welche Dialoge oder anderen Textpassagen könnte ich mit der *Read-and-look-up*-Methode einüben?
3. Welches sind bei mir die Gründe, wenn ich mich beim Sprechen gehemmt fühle?

Typische Gesprächssituationen vorbereiten

Wo auch immer Sie Ihre Kenntnisse einsetzen wollen – stets gibt es eine Vielzahl typischer Gesprächssituationen: sei es beim Sich-erkundigen nach einem Hotelzimmer oder nach dem Weg, sei es in einem Restaurant oder in einem Kleiderladen oder sei es am ersten Kurs- oder Arbeitstag, wenn Sie sich der Gruppe vorstellen und etwas Interessantes über sich erzählen müssen.

Solche Gesprächssituationen laufen nach einem mehr oder weniger voraussagbaren Schema ab. Deshalb kann man sich darauf vorbereiten. Ein paar nützliche und grammatikalisch korrekte Sätze, auf ein Blatt Papier notiert und memoriert, können Wunder wirken! Sie glauben es nicht? Vielleicht kann ich Sie im Folgenden überzeugen.

Warum vorbereiten?

Vielleicht sträubt sich etwas in Ihnen bei der Idee, einen Dialog für die Hotelrezeption oder den Kleiderkauf vorbereiten zu müssen. Es ist für Sie spannender, solche Situationen spontan und mit den Worten, die Ihnen dann einfallen, zu meistern – statt Musterschüler zu spielen und brav das einstudierte Sprüchlein aufzusagen. Es geht jedoch nicht darum, den Könner vorzugaukeln. Es geht um etwas ganz anderes: Sie wollen in der Zielsprache kommunizieren und sich mit Einheimischen unterhalten. Dabei werden Sie bald merken, dass Sie für das Gegenüber interessanter sind, wenn Sie sich gut ausdrücken können. Je stockender Sie sprechen und je schlechter Ihr Wortschatz ist, desto weniger ist der andere an einem längeren Gespräch interessiert.

Dazu kommt ein weiterer Punkt: Durch die Vorbereitung schaffen Sie sich so etwas wie sprachliche Sicherheitsinseln. Sie müssen nicht lange überlegen, was und wie Sie etwas sagen wollen. So bleibt im Kopf freie Kapazität, um besser zuzuhören, auf das Gegenüber einzugehen und so das Gespräch am Laufen zu halten.

Was vorbereiten?

Angenommen, Sie besuchen einen Feriensprachkurs. In solchen Kursen wird man am ersten Tag nach dem schriftlichen Einstufungstest oft noch mündlich nach Wünschen und Lernzielen befragt. Da ist es schon mal nützlich, wenn Sie sich im Voraus darüber Gedanken machen und diese auch auszudrücken wissen, zumal die mündliche Ausdrucksfähigkeit in die Einstufung einfliesst und bewirken kann, dass Sie in eine Klasse mit besserem Niveau eingeteilt werden. Passende Formulierungen können Sie zum Beispiel auf den Websites von Sprachschulen finden.

In der Klasse selbst gibt es in der Regel zu Beginn eine Vorstellungsrunde. Hier, inmitten von unbekannten Gesichtern, ist man gleich nochmals froh, wenn man sich vorbereitet hat. Man weiss besser, was man sagen will, kann ungezwungener sprechen und hat zudem den Kopf frei, um hinzuhören, was andere von sich erzählen. Überlegen Sie sich deshalb vorgängig, was Sie von sich erzählen und wie Sie es formulieren wollen, damit es nicht so langweilig tönt wie: «Ich bin Sachbearbeiter, wohne in der Nähe von Zürich und reise gerne.»

Auch in der Gastfamilie sind Sie wohl eher als Zuhörer oder Zuhörerin gefragt. Bedenken Sie, dass die meisten Menschen lieber sprechen als

zuhören und gerne Feedback erhalten. Man wird Sie häufig fragen, ob Ihnen das Essen schmeckt oder wie Ihnen Land und Leute gefallen. Sehen Sie sich deshalb vor und lernen Sie bereits zu Hause, Komplimente zu machen, Dinge zu loben und Dankbarkeit auszudrücken.

ZUR SELBSTREFLEXION
1. Welche Gesprächssituationen könnte ich vorbereiten?
2. Wo finde ich Mustersätze, um mich vorzustellen?
3. Was möchte ich von mir erzählen? Wie erzähle ich es, dass es Interesse weckt?

9. Im Tandem lernen

Trockenübungen sind gut und recht, doch so richtig schwimmen lernt man nur im Wasser. Genauso lernt man auch nur im Umgang mit Muttersprachlern, richtig zu sprechen.

Das Problem ist bloss, dass im Gespräch mit Muttersprachlern oft wenig Zeit zum Überlegen bleibt. Sie müssen das, was Sie sagen wollen, rasch hinüberbringen, damit Ihr Gegenüber nicht die Geduld verliert. Da geschieht es leicht, dass Sie sich schlechter ausdrücken, als Sie es mit mehr Bedenkzeit könnten; es passieren Fehler, und Sie lernen kaum etwas dazu.

Besser wäre ein geduldiges Gegenüber. Ein Mensch, der weiss, wie es ist, wenn man eine Sprache lernt, und der Feedback gibt und korrigiert. Hier kommt das Tandemlernen zum Zug. Probieren Sie es aus. Es ist kostenlos und bringt neuen Schwung ins Lernen!

Im Tandem können Sie sich nicht nur im Sprechen üben und Ihre Kenntnisse verbessern; während der Treffen erfahren Sie von Ihrem Gegenüber auch vieles über das Leben und die Kultur des anderen Landes.

Meine erste Tandempartnerin zum Beispiel ist in Paris aufgewachsen und konnte mir derart viel vom Flair dieser Stadt, von ihrem Land und den Leuten vermitteln, dass ich sowohl zu Paris wie zu ganz Frankreich eine besondere Beziehung entwickelt habe. Ähnlich geht es mir nun mit

Spanien, woher meine beiden aktuellen Tandempartnerinnen stammen. Man macht in der Tandempartnerschaft lebendige Erfahrungen – und damit gewinnt das Lernvorhaben zusätzlich an Sinn.

> **EINEN TANDEMPARTNER, EINE TANDEMPARTNERIN SUCHEN**
> Dank Internet ist es einfach, einen Tandempartner oder eine Tandempartnerin zu finden. Schauen Sie bei www.sprach-tandem.ch (für die Schweiz) oder bei www.tandempartners.org (für den gesamten deutschen Sprachraum) rein und posten Sie Ihr Angebot gleich selbst. So finden Sie am schnellsten ein geeignetes Gegenüber. Nutzen Sie dabei die erlaubte Anzahl Anschläge aus, um sich vorzustellen und Ihre Wünsche möglichst klar zu formulieren.
> Weitere kostenlose Tandem-Vermittlungen lassen sich im Internet unter dem Suchbegriff «sprachtandem» finden.

Voraussetzungen für gutes Gelingen

Damit eine Tandempartnerschaft erfolgreich ist, müssen viele Faktoren stimmen, zum Beispiel:
- **Ähnliche Lernziele.** Nicht alle Interessierten wollen gleich intensiv lernen. Die einen nehmen es locker und möchten im Tandem lediglich ihre Zielsprache praktizieren, während andere klare Lernziele haben, sich auf die Treffen vorbereiten und ganz bestimmte Inhalte üben und besprechen wollen.
- **Ähnliches Sprachniveau.** Das Tandem eignet sich am besten für ein mittleres bis höheres Sprachniveau.
- **Regelmässigkeit.** Die Tandemtreffen sollten wie Kursstunden regelmässig stattfinden, das heisst, an einem bestimmten Wochentag und zu einer bestimmten Zeit. Sind Treffen von Angesicht zu Angesicht nicht möglich, kann man auf Skype ausweichen.
- **Ähnliche Interessen und gegenseitige Sympathie.** Ein Tandem funktioniert nur, wenn beide Partner profitieren. Vorlieben zu teilen und sich gut zu verstehen, hilft dabei.

Damit die Tandempartnerschaft gelingt, sollten Sie wissen, was Sie sich davon versprechen. Formulieren Sie dies bereits bei der Suche (siehe Box).

Wie lange? Wie oft? Wo?

Bedenken Sie, dass Sie sich während der ganzen Zeit des Treffens konzentrieren müssen. Eine Dauer von je 45 Minuten pro Sprache ist ideal; je eine Stunde kann bereits zu viel sein. Aus Erfahrung empfehle ich Ihnen, von Anfang an einen Timer zu benutzen. So braucht man nicht auf die Uhr zu schauen, keine Partei überzieht die Zeit, und der Timer ist gleichsam die neutrale Instanz, die zum Wechsel in die andere Sprache aufruft.

Normalerweise trifft man sich einmal wöchentlich. Wenn Sie häufiger im Tandem lernen wollen, rate ich Ihnen, sich mit zwei verschiedenen Tandempartnern zu treffen. So sorgen Sie für Abwechslung und können Schwieriges mal mit der einen, mal mit der anderen Person einüben.

Für den Beginn ist es klug, sich erst einmal für drei Monate zu verpflichten. So ist es einfacher, eine unbefriedigende Partnerschaft wieder aufzulösen.

Treffen Sie sich an einem Ort, wo es nicht allzu laut ist und wo Sie während eineinhalb Stunden ungehindert sprechen können. Die Cafés einer Schule, einer Weiterbildungsinstitution oder eines Gemeinschaftszentrums sind genauso ideale Örtlichkeiten wie die Sitzgelegenheiten in den Gängen von Hochschulgebäuden.

Die beiden Rollen

Die Rollenverteilung im Tandem ist nicht dieselbe wie diejenige zwischen Lehrkräften und Schülern, denn beide wollen lernen: Die Spanierin möchte ihr Deutsch verbessern, und Sie wollen flüssiger Spanisch sprechen.

In Ihrem Part (Spanisch gesprochen) agieren Sie als autonome Lernerin, als autonomer Lerner. Das heisst, Sie überlegen im Voraus, was Sie in Ihrem Zeitfenster machen wollen, und bereiten sich dementsprechend vor. Es ist Ihnen klar, dass die Verantwortung für Ihren Teil ganz bei Ihnen liegt. Sie bitten darum, korrigiert zu werden, wenn Ihr Gegenüber es vergisst; Sie notieren wichtige Wörter und Sätze, um sie zu Hause nochmals durchzugehen. Und Sie entscheiden, ob etwas noch weiter geübt oder eine Aufgabe beim nächsten Mal wiederholt werden muss.

Im Part des andern (Deutsch gesprochen) sind Sie in der Rolle des Kenners und der Vermittlerin Ihrer Muttersprache und Kultur. Sie korrigieren so oft, wie es Ihr Gegenüber wünscht, und machen so etwas wie Aufgabenhilfe: Sie hören zu, ermuntern und gehen auf Fragen ein; Sie helfen bei Übungen und Übersetzungen.

FÜR ÄLTERE SEMESTER
Tandemlernen bringt in jedem Alter Gewinn. Befürchten Sie, für Jüngere kein gutes Gegenüber zu sein? Oder zweifeln Sie an deren Geduld? Dann machen Sie in Ihrer Anzeige Angaben zur gewünschten Altersspanne oder geben Sie Ihr eigenes Alter an. Ausprobieren lohnt sich allemal!

Den eigenen Part abwechslungsreich gestalten

45 Gesprächsminuten sind lang, und es ist klug, diese Zeit aufzuteilen. So sorgen Sie für die nötige Abwechslung. Werden Sie also kreativ und teilen Sie Ihre 45 Minuten in 10- bis 20-minütige Sequenzen auf – so wie ein Lernexperte, der eine mustergültige Tandemsession zusammenstellen möchte.

Eine 10- bis 20-minütige Sequenz lässt sich zum Beispiel für folgende Aktivitäten nutzen:

- **Freies Erzählen mit Fokus auf Sprechflüssigkeit.** Das freie Erzählen kann spontan erfolgen: Sie erzählen eine kleine Episode aus Ihrem Alltag und lassen nur die gröbsten Fehler korrigieren. Korrekte Schlüsselsätze notieren Sie sich.
- **Freies Erzählen mit Fokus auf korrekter Sprache.** Etwas wirkungsvoller ist es, wenn Sie sich vorbereiten, indem Sie die Episode in Ihrer Vorstellung schon mal erzählen und dabei auf eine klare Ausdrucksweise und die richtigen Zeitformen achten. Im Tandem erzählen Sie die Episode dann Satz für Satz. Ihr Gegenüber nickt, wenn der Satz richtig ist, und wiederholt ihn bei Fehlern in einer korrekten Form. Wichtige Sätze halten Sie im Notizheft fest.
- **Zahlen, Zeit- und Datumsangaben üben.** Ihr Gegenüber notiert eine Zahl, eine Zeit oder ein Datum, und Sie lesen das Geschriebene vor.
- **Buchstabieren üben.** Sie sollten zumindest Ihren Namen und Ihre genaue Adresse fliessend buchstabieren können.
- **Intonation und Aussprache üben.** Sie lesen einen Text vor, und Ihr Gegenüber markiert gleichzeitig auf seiner Kopie diejenigen Wörter, die der Korrektur bedürfen. Nach jedem Absatz werden Aussprache und Intonation der markierten Begriffe geübt.
- **Kommunikationsübungen aus dem Lehrbuch machen.** In Lehrbüchern, die auf Kommunikation ausgerichtet sind, lassen sich Übungen

finden, die sich auch fürs Tandem eignen. Zum Beispiel, wenn Sie zu einem Thema Ihre Meinung äussern oder etwas beschreiben müssen. Nutzen Sie dies.

- **Nacherzählen mit Fokus auf aktivem Vokabular.** Sie erzählen einen bearbeiteten Inhalt nach und benutzen dabei ganz bewusst Wörter und Wendungen, die Sie fortan aktiv beherrschen möchten (siehe auch Seite 117).
- **Korrektur von Geschriebenem.** Ihr Gegenüber kann nicht nur Gewichtiges wie Entwürfe von Vorträgen, Briefen oder E-Mails korrigieren. Machen Sie zur Abwechslung auch freie Notizen, die Sie während des Treffens korrigieren lassen (siehe Seite 111).
- **Den Sprachgebrauch diskutieren.** Wann und wo duzt man sich im Zielland, wer wird mit der Höflichkeitsform angesprochen? Welche Wörter und Redewendungen werden in welcher Umgebung genutzt? Welche Begriffe aus der Lektüre eines Buchs werden auch im Alltag verwendet, und welche gehören eher zur literarischen Sprache? Auch solche Fragen können im Tandem erörtert werden.

Jede dieser Aktivitäten lässt sich zudem durch die Wahl der Inhalte und Themen unendlich variieren.

Die Art und Weise, wie eine Methode umgesetzt wird, entscheidet über ihren Erfolg: Dies gilt auch für das Tandemlernen. Je aktiver und selbstbestimmter Sie das Tandem für verschiedene Lernaktivitäten nutzen, desto grösser ist die Wirkung.

Führen Sie ein Heft, um während des Treffens die wichtigsten Dinge zu notieren und diese später auch hin und wieder zu repetieren. Lassen Sie die linke Seite jeweils für Einträge während der Nachbearbeitung frei und vergessen Sie das Datum nicht. So erinnern Sie sich bedeutend besser an das jeweilige Treffen und an die Inhalte, die dabei zur Sprache kamen.

Fehler ausmerzen

Im Tandem haben Sie die Möglichkeit, eingeschliffene Fehler auszumerzen. Beim Sprachenlernen passieren genauso wie beim Erlernen anderer Fertigkeiten eine Menge Fehler. Manche kehren immer wieder und sind schwierig zu korrigieren. So verwechsle ich zum Beispiel beim Spanischsprechen oft die erste und die dritte Person. Dafür muss ich bei meinen Tandempartnerinnen häufig die Satzstellung korrigieren.

Für eine dauerhafte Korrektur sind vier Dinge erforderlich, wobei der letzte Punkt besonders beachtet werden will:[27]
- das Realisieren, dass man den Fehler gemacht hat
- der Wille, den Fehler zu korrigieren
- die Kenntnis der korrekten Form
- die Möglichkeit, die korrekte Form einzuüben

Damit Sie die Fehler überhaupt bemerken, ist das Feedback Ihrer Tandempartnerin, Ihres Tandempartners unerlässlich. Diskutieren Sie im Tandem öfter korrekte Formen und alternative Ausdrucksweisen. Üben Sie dann diejenigen Varianten, die Ihnen zusagen, immer und immer wieder ein.

Was das Tandemlernen so wirkungsvoll macht

Unabhängig davon, welche Lernstilpräferenzen Sie haben (siehe Seite 173): Es gibt eine ganze Reihe von starken Methoden, die eine breitere Anwendung verdienen. Sie haben bereits den täglichen Hör-Input kennengelernt, mithilfe dessen sich die natürliche Sprachumgebung simulieren lässt. Ebenso wissen Sie vom vielfältigen Nutzen der *Easy Readers.* Beim Memorieren von schwierigen Wörtern helfen Eselsbrücken (siehe Seite 162), und für die zuverlässige Festigung sind eine Lernkartei oder elektronische Vokabeltrainer unentbehrlich (siehe Seite 168). Und Tandem-

lernen schliesslich ist die Methode der Wahl, wenn es darum geht, sich im Sprechen zu üben, die Sprechflüssigkeit zu verbessern und sich gewandter auszudrücken.

Die wechselseitige Beziehung im Tandem bringt auch sonst vielfältigen Gewinn. Man begegnet sich in einer solchen Partnerschaft auf Augenhöhe, erhält Feedback und baut eine persönliche Beziehung auf.

Gehen wir diesen Punkten noch etwas nach, denn sie unterscheiden sich vom Lehrer-Schüler-Verhältnis.

Feedback auf Augenhöhe

«Drei Monate lang alle dreissig Sekunden einen Fehler zu machen und dann korrigiert zu werden und dann den gleichen Fehler mindestens noch zehnmal zu machen, führt zu negativen Emotionen gegen sich selber und sogar gegen den besten Lehrer der Welt.» Sie erinnern sich an die Erfahrung von Nationalrat Noser (siehe Seite 15). Solche frustrierenden Erfahrungen werden Sie im Tandem nicht machen. Denn in einer solchen Lernpartnerschaft gibt es keine Lehrkraft, die Ihnen gegen Bezahlung etwas bieten muss. Im Tandem begegnen Sie sich auf Augenhöhe. Das heisst: Keiner ist überlegen, jeder macht Fehler, jeder hat seine Unsicherheiten und Gedächtnislücken, jeder ist einmal in der Rolle des Lernenden und ein andermal in der Rolle der Könnerin und des Experten. Dies erleichtert es selbst Menschen, die sich nicht gerne korrigieren lassen, das Feedback positiv zu sehen und es für die Verbesserung der eigenen sprachlichen Kompetenz zu nutzen. Es ist zudem oft auch einfacher, seine eigenen Lernziele durchzusetzen.

Weil das Feedback unmittelbar beim Sprechen erfolgt, wird die Aufmerksamkeit für sprachliche Aspekte geschärft. Es wird einem stärker bewusst, wo die Lücken, Fehler und Unsicherheiten sind, und man achtet beim Lesen oder auch beim Fernsehen ganz automatisch auf wichtige Begriffe und gute Ausdrucksweisen.

Ein weiterer Effekt des Feedbacks ist der, dass man beim Sprechen eher darauf achtet, sich klar und sorgfältig auszudrücken, statt bloss die Message hinüberzubringen. Mit dieser Sorgfalt geht eine generelle Sensibilisierung für die richtigen Zeitstufen und andere grammatikalische Aspekte einher. Sie werden davon auch beim Lesen profitieren und nicht nur auf den Inhalt fokussieren, sondern immer öfter auch die sprachliche Ebene beachten.

Persönlicher Bezug

Vielleicht fragen Sie sich, wie es sich mit den 45 Minuten verhält, während derer Sie aufmerksam zuhören und das fehlerhafte Deutsch des Tandempartners korrigieren. Was haben Sie davon, ausser dass Sie sich damit Ihren eigenen Part verdienen?

Diese Frage wird sich nicht mehr stellen, sobald Sie mit dem Tandemlernen begonnen haben. Beim Zuhören lernen Sie nämlich nicht nur die Tandempartnerin, den Tandempartner, sondern auch deren Land und Kultur kennen. Dies eröffnet Ihnen eine andere Welt und schafft einen stärkeren Bezug zum Gegenüber und zur Sprache. Dadurch gewinnt das ganze Lernvorhaben an Sinn.

Der persönliche Bezug bewirkt zudem, dass man zu Hause beim stillen Lernen öfter innere Dialoge mit der Tandempartnerin oder dem Tandempartner führt. Bei jedem neuen Begriff und jeder neuen Regel, die man sich aneignet, stellt man sich automatisch vor, wie man das Gelernte beim nächsten Treffen an die Frau oder an den Mann bringen kann. Es macht überhaupt keine Mühe mehr, beim Lernen stets an eine künftige Kommunikationssituation zu denken, im Gegenteil: Man hat bereits das Gespräch im Tandem vor sich und denkt auch öfter in der Zielsprache.

Der Austausch im Tandem zeigt Ihnen zudem ganz generell, wo Sie beim Lernen am besten Ihre Schwerpunkte setzen. Sie werden unabhängiger von den Lehrbuchinhalten und sehen klarer, wie viel und was Sie an Grammatik brauchen und welcher Wortschatz für Sie wichtig ist.

ZUR SELBSTREFLEXION
1. Was hindert mich daran, das Tandemlernen auszuprobieren?
2. Für welche der aufgeführten Aktivitäten möchte ich das Tandem nutzen?
3. Bin ich bereit, beim Part des andern geduldig zuzuhören und so Feedback zu geben, wie er oder sie es wünscht?

10. Das Hör- und Leseverstehen verbessern

Für manche Lernerinnen und Lerner liegt der Schwerpunkt nicht nur beim Sprechen; sie möchten auch Bücher und Zeitschriften lesen oder Filme und TV-Sendungen in der Originalsprache geniessen.

Sollte es Ihnen ähnlich ergehen, ist dieses Kapitel auf Sie zugeschnitten. Es geht im Folgenden darum, nicht nur mehr, sondern auch besser zu verstehen. Das heisst, Sie sollen sowohl das Grobverständnis verbessern, als auch lernen, vermehrt auf Einzelheiten zu achten.

Was immer Sie an Material oder Inhalten verstehen möchten, welche Sinneskanäle Sie auch immer nutzen – zwei Dinge sind dabei unerlässlich: Aufmerksamkeit und ein wacher Geist.

Beim Hören oder Fernsehen sind wir besonders gefordert, während das Verstehen beim Lesen einfacher ist. Deshalb beginnen wir mit Letzterem.

Beim Lesen mehr verstehen

Als mein Mann und ich einmal ein paar Tage in der Hafenstadt Genua verbrachten, frühstückten wir stets im selben Café und liebten es, die Zeitungen durchzugehen. Obwohl ich nicht Italienisch sprach, war es unterhaltsam, denn dank meiner Französisch- und Spanischkenntnisse liess sich einiges zusammenreimen. Bei einem bebilderten Artikel über frühere Zeiten erlebte ich gar eine kleine Sternstunde. Es ging um den damaligen Bau der Bahnlinie in Richtung Süden, die den Ausbruch vieler Tunnels nötig machte. Ich verstand, wofür das ausgebrochene Gestein verwendet wurde: Viele Dörfer südlich von Genua, die wir bestens kannten, kamen damals zu einem künstlichen Strand, wo dieses Material als Unterlage diente.

Beim Lesen mehr zu verstehen, heisst einerseits, die Thematik als Ganzes zu erfassen. Dann geht es auch darum, aus dem Zusammenhang heraus die Bedeutung von Wörtern und Sätzen zu erschliessen.

Versuchen Sie, so viel wie möglich zu verstehen, bevor Sie unbekannte Wörter nachsehen. Die Bedeutung eines Ihnen noch nicht geläufigen Wortes aus dem Kontext heraus zu erfassen, ist für die Entwicklung der Lesefertigkeit wichtig. Dieses Ratespiel macht einen Begriff nämlich interessant, und dies unterstützt seine Speicherung. Dazu kommt das Erfolgserlebnis, wenn Sie beim Überprüfen sehen, dass Sie die Bedeutung richtig erahnt haben.

Doch bevor Sie sich an die Arbeit machen, geht es um die Beschaffung interessanter Lektüre.

Was lesen?

Sobald Sie sich authentisches Material vornehmen, ist die Auswahl immens. Es lohnt sich, wählerisch zu sein und ganz auf Inhalte zu setzen, die Sie so oder so interessieren. Sei es eine Zeitschrift über Mode oder Sport, sei es eine Romanze oder ein Kriminalroman – lassen Sie sich von Ihren Vorlieben und Interessen leiten und nehmen Sie sich bei der Suche Zeit. Wenn Sie das Richtige gefunden haben, wird die Lektüre umso vergnüglicher sein.

Achten Sie ferner auf den Schwierigkeitsgrad. Damit der Spass bei der Lektüre erhalten bleibt, sollten nicht allzu viele völlig fremde Wörter den Lesefluss stören.

Ist Ihr Wortschatz indes noch nicht allzu gross, setzen Sie Ihre Ansprüche punkto Verstehen entsprechend herunter. Um einen Text interessant zu finden, brauchen Sie nicht jedes Detail zu begreifen; ein gröberes Verstehen reicht oft völlig aus. Befassen Sie sich umso mehr mit Themen, die Ihnen wirklich am Herzen liegen.

Zeitungen und Magazine

Ausserhalb des Ziellandes finden Sie fremdsprachige Zeitungen und Magazine vor allem in den Kiosken grosser Bahnhöfe oder Flughäfen. Empfehlenswert sind auch die Sprachmagazine *Spotlight* (englisch), *Écoute* (französisch), *Adesso* (italienisch) und *Ecos* (spanisch) des Spotlight-Verlags. Die monatlich erscheinenden Hefte enthalten einen Mix von Artikeln über Land und Leute des entsprechenden Sprachraums. Sämtliche Beiträge sind mit einer zweisprachigen Wörterliste versehen und nach Schwierigkeitsgrad (leicht, mittel, fortgeschritten) gekennzeichnet.

Schul- und Sachbücher

Schulbücher haben einen nicht allzu schwierigen Wortschatz und können einen interessanten Einblick in die Geschichte oder die Geografie des Ziellandes gewähren. Auch bei Sachbüchern, die sich an ein breites Publikum richten, hält sich der Wortschatz in Grenzen. Möchten Sie mehr über eine neue Diät erfahren, interessieren Sie sich für Yoga oder für Kochrezepte? Besorgen Sie sich via Internet entsprechende Bücher in der Zielsprache. Sie werden staunen, wie viel Sie bei der Lektüre verstehen. Neben dem begrenzteren Wortschatz sind vor allem auch die Zwischentitel für das Verständnis eine grosse Hilfe.

Geschichten und Romane

Eigentlich wäre es naheliegend, für das Vertiefen der Spanischkenntnisse Werke von spanischen Autoren und für das Vertiefen der Französischkenntnisse Werke von französischen Autoren zu lesen. Doch wenn der Wortschatz dafür nicht ganz reicht, eignen sich Übersetzungen in Ihre Zielsprache besser, denn diese sind in der Regel in einer etwas einfacheren Sprache geschrieben. Ich lese zum Beispiel die spanischen Ausgaben der Bücher des Franzosen Marc Levy sowie der Kanadierin Kate Jacobs und finde solche populären Werke für das Sprachenlernen äusserst lohnend. Die Figuren leben in der heutigen Zeit, haben ähnliche Freuden und Sorgen wie wir und gebrauchen auch dieselben neuen Medien, was für die Erweiterung des Wortschatzes besonders nützlich ist.

Wenn Sie Werke in der Originalsprache vorziehen, sind Ausgaben des Reclam-Verlags hilfreich, denn in diesen Bändchen sind am unteren Seitenrand jeweils die wichtigen Wörter und Redewendungen zweisprachig aufgelistet.

Im Gegensatz zu Kurzgeschichten haben längere Werke den enormen Vorteil, dass sich viele Wörter wiederholen und so der Lerneffekt grösser ist.

Besonders empfehlenswert ist auch das Üben mit parallelen Texten (mehr dazu auf Seite 98).

Elektronisch oder Print?
Was ist klüger, die Werke in der elektronischen oder in der gedruckten Version zu lesen? Beide Formate haben ihre Vor- und Nachteile, und Sie haben die Wahl. Kinästhetisch-taktile Lerntypen (siehe Seite 175) ziehen gedruckte Werke vor, denn Lesen ist für sie auch etwas Sinnliches. Sie lieben nicht nur den Geruch der Bücher; sie lieben es auch, sie in die Hand zu nehmen, Eselsohren zu machen, Wörter mit einem Leuchtstift zu markieren und überhaupt in die Werke hineinzuschreiben und ihre eigenen Spuren zu hinterlassen.

Digitale Lerner ziehen das E-Book vor, wo sie ebenfalls Text markieren, Notizen einfügen und dazu direkt auf Wörterbücher zugreifen können.

Beim Lesen auf manchen Tablets gibt es eine weitere, äusserst nützliche Suchfunktion: Sie können ein Wort eingeben und sogleich sehen, wo und wie das Wort im ganzen Roman angewendet wird. Das heisst, die Suchfunktion funktioniert wie diejenige in einem Textverarbeitungsprogramm. Im Gegensatz dazu kommt man bei Readern mittels Suchfunktion auf die Definition des markierten Begriffs.

Wie lesen, um mehr zu verstehen?
Wie gesagt: Im Vergleich zum Hörverstehen ist das Leseverstehen bedeutend einfacher. Man kann sich so viel Zeit nehmen, wie man braucht; man kann so schnell oder so langsam lesen, wie man will, und man kann die Sätze und Abschnitte problemlos wiederholen.

Dafür ist es beim Lesen etwas schwieriger als beim Hören, sich die Dinge vorzustellen. Der Grund dafür ist der, dass ein Teil des visuellen Kurzzeitgedächtnisses für das Lesen benötigt wird und deshalb nicht die ganze Kapazität für bildliche Vorstellungen zur Verfügung steht.

Je besser und lebhafter wir uns etwas vorstellen können, desto leichter fällt uns jedoch das Verstehen – sowohl im Grossen als auch in den Details. Setzen Sie deshalb beim Lesen auf inneres Kino. Versuchen Sie, so viel wie möglich zu begreifen, bevor Sie unbekannte Wörter nachsehen.

Angenommen, Sie haben einen Krimi in Ihrer Zielsprache gekauft, haben die ersten Seiten überflogen und sind nun neugierig darauf, wie die Story weitergeht. Lassen Sie sich das Vergnügen nicht nehmen, und lesen Sie die Geschichte erst einmal zu Ende. Ihre Aufmerksamkeit gilt dabei dem Grobverständnis.

Wenn Ihnen der Text gefallen hat, fokussieren Sie nun in einer gründlicheren Leserunde auf das Detailverständnis. Bemühen Sie sich, jeden einzelnen Abschnitt möglichst gut zu verstehen. Markieren Sie schwer verständliche Wörter und Wendungen mit einem gelben Leuchtstift und versuchen Sie, den Sinn zu erraten. Schlagen Sie anschliessend die Bedeutung nach und schreiben Sie die deutsche Entsprechung dazu. So leisten Sie auch gleich Vorarbeit für die Erweiterung des Wortschatzes (siehe Kapitel 11, «Am Sprachschatz arbeiten», Seite 102).

Mit parallelen Texten üben
Das Leseverstehen mit parallelen Texten zu üben, ist besonders wirkungsvoll. Sie verwenden dabei parallel zum fremdsprachigen Buch eine Ausgabe in Ihrer Muttersprache.

Beginnen Sie die Lektüre mit der ersten Seite der fremdsprachigen Version. Lesen Sie so aufmerksam, wie wenn Sie in einer Prüfung wären und möglichst viel verstehen müssten. Ob Sie alles richtig verstanden haben, finden Sie beim Nachlesen in der deutschen Ausgabe heraus. Gehen Sie dann zurück zur ersten Seite der fremdsprachigen Version, lesen Sie diese ein zweites Mal und achten Sie darauf, ob Sie nun mehr verstehen. Markieren Sie dabei gleich auch die wichtigsten neuen Wörter, bevor Sie sich die nächste Seite vornehmen.

Seite um Seite ein ganzes Buch auf diese Weise zu lesen, ist eine spannende Herausforderung – und zwar nicht nur wegen der vielen Seiten. Denn Abschnitt um Abschnitt zu verstehen, erfordert aktiveres Lesen als das blosse Überfliegen für das Grobverständnis. Halten Sie durch und nehmen Sie sich Zeit dafür. Versuchen Sie, so viel wie möglich aus Ihrem Kopf herauszukitzeln und jeden

Satz zu begreifen. Sie werden staunen, wie viel dabei herausschaut. Überhaupt wird Ihnen die Lektüre bis zum Ende immer leichter fallen. Den nächsten Band desselben Autors können Sie sich wahrscheinlich bereits ohne deutschen Text vornehmen. Denn auch Autoren haben oft ihr Lieblingsvokabular.

Der Gebrauch von Paralleltexten zeigt zudem die Eigenheiten der jeweiligen Sprachen auf. Bei der parallelen Lektüre merkt man am besten, dass weder der Wortschatz noch Grammatik eins zu eins in die andere Sprache übertragen werden können.

ZUR SELBSTREFLEXION
1. Kenne ich die Erfahrung, dass der «innere Film» beim Hören von Hörbüchern lebhafter ist als beim Lesen?
2. Habe ich Hemmungen, Wörter in einem Buch zu markieren und hineinzuschreiben?
3. Will ich den Versuch des parallelen Lesens wagen?

Das Hörverstehen trainieren

Um beim Hören einer Fremdsprache möglichst viel mitzubekommen, müssen wir die Ohren spitzen und uns gut konzentrieren, denn das Gehörte will nicht nur akustisch, sondern auch inhaltlich verstanden sein.[28] Derart aufmerksames Zuhören ist jedoch ungewohnt, denn im Alltag sind unsere Ohren meist auf passives Hören eingestellt. Deshalb müssen wir als Erstes lernen, vom passiven auf aktives Hören umzuschalten. Ich möchte Ihnen dies an einem eigenen Beispiel illustrieren.

Vom passiven zum aktiven Hören umschalten
In einem Französischkurs in der Provence habe ich die Schwierigkeit des Umschaltens auf aktives Zuhören ziemlich schonungslos erfahren. In den Monaten vor dem Kurs polierte ich brav meine eingerosteten Kenntnisse auf und schaute auch oft den französischen Sender TV5. Dieser Medienkonsum war rein passiver Natur; ich genoss es einfach, mich dem Klang der französischen Sprache hinzugeben und das Gehörte in groben Zügen

mitzubekommen. Dabei habe ich mir passives Hören angewöhnt. Als dann im Kurs die Hörverstehenübungen folgten, empfand ich diese als unangenehm anstrengend und schnitt gar nicht prächtig ab. Kein Wunder, denn ich überhörte oft ganze Sätze oder Satzteile und machte mir etwa von Zahlen – *mille neuf cent quatre-vingt-onze* – gar keine Vorstellung, sodass ich sie mir auch nicht merken konnte.

Wieder zu Hause, begann ich, aktives Zuhören zu trainieren. Ich sah mir jeweils abends um acht Uhr das Nachrichtenjournal auf dem französischen Sender TV2 an, hörte etwa 20 Minuten lang aufmerksam zu, notierte die wichtigsten unbekannten Wörter und schlug sie am Ende nach. Nachher sah ich mir das Ganze nochmals in der Aufzeichnung im Internet an und verstand das meiste bereits bedeutend besser.

Die Wirkung solcher aktiver Zuhör-Übungen ist ähnlich, wie wenn man sich beim Joggen zu einem Intervalltraining aufrafft: Es gibt stets einen spürbaren Schub an Energie und aktiviert auch den Geist. Man entdeckt in jeder Sendung nützliche neue Wörter und Redewendungen. Man hat auch immer wieder kleine Erfolgserlebnisse, weil man durch die erhöhte Aufmerksamkeit mehr von den Nachrichten mitbekommt und das Hörverstehen von Mal zu Mal besser wird.

Bei meinen Hörversuchen zeigte sich noch ein weiterer willkommener Nebeneffekt: Ich hörte nämlich ganz automatisch auch bei allen anderen französischen TV-Sendungen aufmerksamer zu – und zwar völlig mühelos. Es machte sogar mehr Spass als das passive Absorbieren von früher. Auch der Kopf war wacher dabei – und ist es heute noch. Das Zuhören hat seither eine ganz neue Qualität erhalten.

Mehr von Filmen und TV-Sendungen profitieren
Für die Vertiefung der Kenntnisse sind Filme und TV-Sendungen das, was im Stadium des Auffrischens oder des Neulernens einer Sprache die niveaugerechten Hörgeschichten sind: Sie simulieren die natürliche Sprachumgebung und sprechen auch die Sinne und Gefühle an.

Sie hören nicht nur, was und in welcher Tonlage gesprochen wird; Sie bekommen auch die Gestik und Mimik der Personen mit. Sie sehen ausserdem Handlungen und Umfeld und können das Gehörte mit den Bildern assoziieren. Filme und TV-Sendungen sind nicht nur das Medium der Wahl, um den Wortschatz zu erweitern; auch das Hörverstehen lässt sich damit üben.

Geeignetes Material auswählen

Um im Stadium des Vertiefens systematisch am Hörverstehen zu arbeiten, sind TV-Sendungen und Aufzeichnungen davon die attraktivste Möglichkeit. Insbesondere Sitcoms, Serien oder TV-Folgen zu bestimmten Themen wie Kochen, Tiere oder Sport eignen sich dafür. Jede Folge bringt etwas Neues; der Wortschatz ist jedoch mehr oder weniger begrenzt, und dieselben Begriffe kommen immer wieder vor. Nachrichtensendungen sind ebenfalls gut geeignet. Das Themenspektrum und damit der Wortschatz ist zwar grösser, aber wenn Sie sich die Neuigkeiten häufig zu Gemüte führen und wichtige Begriffe nachsehen, werden Sie bald mehr verstehen.

Auch Ihre Lieblingsfilme lassen sich für besseres Hörverstehen nutzen. Achten Sie darauf, dass die Originalversion in Ihrer Zielsprache gesprochen ist; so stimmt die Mimik. Untertitel helfen, das Gehörte besser zu verstehen. Schalten Sie diese aber mit Bedacht zu, wenn Sie das Hörverstehen trainieren wollen. Sie kennen die Gefahr: Statt besser hinzuhören, liest man die Untertitel. Liegt der Fokus indes bei der Erweiterung des Wortschatzes, können Untertitel äusserst nützlich sein (siehe Seite 104).

Bei gutem Sprachniveau sind auch Radiosendungen und Hörbücher eine Variante. Falls Sie sich authentisches Material noch nicht zutrauen, suchen Sie im Internet nach Podcasts für bestimmte Niveaustufen oder setzen Sie auf *Easy Readers* mit CD. Verwenden Sie für das Training des Hörverstehens jedoch stets Material der nächst höheren Niveaustufe.

TIPP FÜR FRANZÖSISCHLERNENDE

Unter dem Suchbegriff «TV5monde apprendre» lässt sich äusserst nützliches Lernmaterial für die Stufen A2, B1 und B2 finden. Unter anderem gibt es wöchentlich Ausschnitte aus aktuellen Nachrichtensendungen mit transkribiertem Text, mit Wörterbuch in der Sprache Ihrer Wahl sowie Übungen dazu in den drei Niveaustufen. ■

ZUR SELBSTREFLEXION

1. Gebe ich mich beim Zuhören mit dem Grobverständnis zufrieden oder bin ich so aufmerksam wie in einem Hörverständnis-Test?
2. Kenne ich den aktivierenden Effekt, den aufmerksames Hinhören hat?
3. Habe ich auch schon eine Aufzeichnung wiederholt abgespielt, um Details noch besser zu verstehen?

11. Am Sprachschatz arbeiten

Nach dem besseren Verstehen soll nun der sprachliche Horizont ausgeweitet und am Sprachschatz gearbeitet werden. Ziel ist, dass Sie sich sowohl nützliche Wörter als auch Redewendungen und Satzfragmente sowie grammatikalisch korrekte Formulierungen zu eigen machen und sich auch schriftlich besser ausdrücken können.

Es gibt viel zu tun, doch je mehr Sie sich ins Zeug legen, desto mehr wird der Schatz in Ihrem Kopf angehäuft, und am Ende können Sie sich damit vergnügen wie Dagobert Duck in seinem Geld.

Als Erstes wenden wir uns der Vergrösserung des Wortschatzes zu. Mark Twain hat einmal gesagt: «Der Unterschied zwischen dem richtigen Wort und dem beinahe richtigen ist derselbe Unterschied wie zwischen einem Blitz und einem Glühwürmchen.» Mit einem grösseren Wortschatz lassen sich die Dinge differenzierter und präziser formulieren. War der Einbrecher nun *intelligent*, *clever*, *bright* oder *smart*? War es ein *thief*, ein *burglar* oder ein *robber*? Den passenden Begriff zu kennen, gehört zu einem fortgeschritteneren Sprachniveau.

Dazu kommt die Kombination von Wörtern zu typischen Wendungen. Sie kennen dies: *to pay attention, having a laugh* oder *let's get out of here.* Aber auch: *They arrived <u>at</u> the airport <u>on</u> time. But when did they arrive <u>in</u> England?* Mit Wendungen sind typische Sequenzen von zwei und mehr

Wörtern gemeint. Sie spielen beim Ausbau des gesamten Sprachschatzes eine grosse Rolle, ebenso bei der korrekten Anwendung der Grammatik.

Noch bevor wir uns mit Wendungen befassen, sollen Sie deshalb lernen, den Blick für grammatikalische Formen und Eigenheiten zu schärfen. Dieser Blick hilft Ihnen auch beim Schreiben, dem wir uns am Schluss dieses Kapitels widmen.

Den Wortschatz vergrössern

Sobald wir mit authentischem Material arbeiten und dazu noch im Tandem lernen oder einen Intensivkurs im Zielland besuchen, sind wir einer unendlichen Flut von neuen Wörtern ausgesetzt. Um nicht zu ertrinken, ist es angezeigt, nützliche von weniger nützlichen und wichtige von weniger wichtigen Begriffen zu unterscheiden und diejenigen Wörter, die man aktiv beherrschen will, mit Umsicht herauszupicken.

Die Frequenz beachten
Bedenken Sie bei der Auswahl, dass die gesprochene Sprache mit einem bedeutend kleineren Wortschatz auskommt als die geschriebene. So können in einer Konversation durchschnittlich 90 Prozent der Wörter zu den 2000 häufigsten Begriffen gezählt werden. Im Vergleich dazu deckt ein solcher Grundwortschatz bei Zeitungen nur rund 80 Prozent der verwendeten Wörter ab.[29]

Weil Geschriebenes in einer differenzierteren Sprache formuliert ist als Gesprochenes, stösst man bei der Lektüre auf eine entsprechend grosse Menge neuer Wörter, und es gilt, doppelt wählerisch zu sein.

Wie es einem dabei ergehen kann, möchte ich anhand einer eigenen Erfahrung schildern. Einer der ersten Romane, die ich in der spanischen Übersetzung las, war das populäre Werk der Kanadierin Kate Jacobs, *El club de los viernes*.[30] Es war meine Ferienlektüre, und ich las das Buch auch mit der Absicht, meinen Wortschatz zu erweitern. Während des Lesens markierte ich deshalb schon mal neue Wörter, die mir wichtig schienen. Zum Teil verstand ich sie aus dem Kontext heraus, zum Teil schlug ich sie nach und schrieb die deutsche Entsprechung dazu. Manchmal markierte ich pro Seite gleich mehrere Begriffe, manchmal packte mich die Geschichte derart, dass ich die Wörtersuche vergass.

Als ich nach beendeter Lektüre die Markierungen durchging, wurde mir sogleich klar, dass ich längst nicht alle Begriffe aktiv lernen wollte. So beschränkte ich mich auf diejenigen Wörter, die öfter vorkamen. Diese listete ich zusammen mit den deutschen Entsprechungen auf, um sie mit der Tandempartnerin durchzugehen und bei jedem Wort nach ein paar typischen Sätzen zu fragen.

Meine Tandempartnerin reagierte jedoch anders, als ich dachte. Bei manchen Begriffen schüttelte sie den Kopf und meinte, sie würde dieses Wort in der Umgangssprache nie verwenden. Immerhin blieben am Ende doch noch einige nützliche Wörter, die es verdienten, auf ein Lernkärtchen geschrieben und memoriert zu werden.

Falls Sie keine Tandempartnerin haben, orientieren Sie sich für die Erweiterung des Wortschatzes mit Vorteil an der gesprochenen Sprache in TV-Sendungen und Filmserien sowie an *Easy Readers* und anderen vereinfachten Texten. Blättern Sie auch ab und zu in Ihrem Aufbauwortschatz. So entwickeln Sie ein besseres Gespür dafür, welche Wörter nach den ersten zirka 2000 Begriffen des Grundwortschatzes die nächst häufigen sind.

Filmserien und TV-Sendungen nutzen

Filmserien und TV-Sendungen sind eine äusserst attraktive Möglichkeit, den Wortschatz zu erweitern. Dies besonders dann, wenn Sie neben dem Sehen und Hören auch gleich noch die Untertitel in der Zielsprache lesen können. Sie lernen sozusagen dreikanalig, und dies unterstützt die Speicherung.

Untertitel in derselben Sprache bei TV-Sendungen sind eigentlich für gehörlose Menschen gedacht, doch auch fürs Sprachenlernen sind sie ungemein wirkungsvoll. Profitieren Sie von dieser Möglichkeit! Achten Sie auch bei Filmserien darauf, eine Version zu finden, die Untertitel in der Zielsprache führt.[31]

UNTERTITEL ZUSCHALTEN

Beim digitalen Fernsehen lassen sich die Untertitel mit dem i-Knopf zuschalten. Allerdings sind nicht alle Sendungen untertitelt; am häufigsten sind es diejenigen der öffentlichen Sender, insbesondere Nachrichten. ∎

Um sich wichtige Wörter und Wendungen zu merken, listen Sie diejenigen, die Ihnen auffallen, während der Ausstrahlung schon mal auf. Schreiben Sie am Ende die deutschen Entsprechungen dazu, und werfen Sie ab und zu wieder einen Blick auf diese Liste. Wenn Sie öfter dieselben Sendungen schauen, kommen die Wörter immer wieder vor, und Sie eignen sich diese ohne grosse Anstrengung an.

Neue Wörter richtig verwenden
Wollen Sie die neuen Wörter aktiv gebrauchen, kann es nötig sein, der korrekten Verwendung noch etwas nachzugehen. Fragen Sie die Tandempartnerin, in welchen Situationen sie den Begriff benützt, oder geben Sie ihn in Ihren Sprachcomputer oder bei Google ein. Sie werden in allen Fällen fündig werden.

So stiess ich zum Beispiel in einer spanischen Kochsendung auf das Verb *estirar*. Es bedeutet im Zusammenhang mit Teig «ausrollen». Darauf angesprochen, erwähnte meine Tandempartnerin, dass *estirar* auch gebraucht werde für das Ausziehen eines Kaugummis oder eines Gummibandes oder für das Bettenmachen, das heisst, für das Zurechtziehen der Betttücher. Ausser «sich recken, strecken» erwähnte mein elektronisches Wörterbuch zudem «die Beine vertreten» sowie «den Gürtel enger schnallen».

Es macht Spass, den Wörtern nachzugehen – zumindest dann, wenn man nicht meint, man müsse gleich alles memorieren. Machen Sie sich immer wieder klar, welche der Bedeutungen Sie überhaupt aktiv gebrauchen möchten. Diese sollten Sie sich einprägen und sie auch immer wieder ganz bewusst gebrauchen.

ZUR SELBSTREFLEXION
1. Was tue ich, wenn ich nicht sicher bin, ob ein Wort wichtig ist oder nicht?
2. Unterscheide ich zwischen Wörtern, die ich bloss verstehen, und solchen, die ich aktiv verwenden will?
3. Welche untertitelte TV-Sendung spricht mich am meisten an?

Das Augenmerk auf die Verben richten

Verben sind bedeutend schwierigere Wörter als Substantive und zwar aus verschiedenen Gründen:
- Erstens spielt viel Grammatik hinein. So kommen Verben einer andern Sprache oft in etwas anders verwendeten Zeitstufen daher. Wenn Sie eine lateinische Sprache lernen, kennen Sie das Problem. Zum Beispiel wird im gesprochenen Französisch das *passé simple* nicht mehr gebraucht; im Spanisch hingegen schon (allerdings wird es dort als *indefinido* bezeichnet).
- Zweitens ist bei manchen Verben die Konjugation unregelmässig und will bis zum Automatismus eingeübt sein.
- Drittens bleiben die Verben allgemein schlechter im Gedächtnis hängen. Sie kennen das: Sogar bei Sätzen wie «Sie trug eine unscheinbare Bluse» erinnert man sich an das Wort für «tragen» weniger gut als an das für «unscheinbare Bluse». So kommt es, dass man selbst für häufige Aktivitäten wie «bringen», «tragen», «kommen» oder «nehmen» das passende Verb in der Zielsprache oft nicht weiss.

Aus all diesen Gründen ist es wichtig, das Augenmerk nun öfter auf Aspekte zu richten, die normalerweise übersehen werden. Im Folgenden werden Sie schon mal lernen, wie Sie Ihre Aufmerksamkeit für die verschiedenen Zeitstufen der Vergangenheit ein für alle Mal schärfen können. Nehmen Sie sich Zeit dafür – die Methode ist ein Augenöffner.

So gehen Sie vor
Statt mit authentischen Texten oder Filmen arbeiten Sie hier mit Vorteil mit der Printversion eines *Easy Readers* oder einer anderen vertrauten Geschichte. Je besser Sie die Geschichte kennen, je vertrauter Ihnen einzelne Sätze und Abschnitte sind, desto besser lassen sich auch die Erkenntnisse auf ähnliche Situationen transferieren.[32]

Machen Sie von mindestens zehn Seiten des Originals eine frische Kopie und bearbeiten Sie diese wie folgt:
- mit Bleistift sämtliche Verben unterstreichen und dabei bereits etwas auf die unterschiedlichen Zeiten und Modi achten
- für jede Vergangenheitsstufe – Imperfekt, Perfekt, Plusquamperfekt – eine bestimmte Leuchtstiftfarbe wählen

- mit der ersten Farbe beginnen und damit sämtliche Verben der dazugehörigen Zeitstufe markieren
- für jede weitere Farbe eine Extra-Runde machen
- bei Unsicherheiten das Verb schon mal mit Bleistift einkreisen und am Rand ein Fragezeichen setzen

Vielleicht fragen Sie sich, warum es für jede Farbe eine Extra-Runde braucht. Man vermeidet so farbliche Verwechslungen, die sich im Nachhinein nur schlecht korrigieren lassen. Der wichtigere Grund ist jedoch der, dass Sie sich für eine Weile auf eine ganz bestimmte Zeitstufe einlassen und sich voll auf deren Gebrauch konzentrieren können. So entwickeln Sie ein besseres Gespür dafür, in welchen Situationen diese Zeitstufe jeweils verwendet wird.

Sind alle Markierungsrunden geschafft, erkennen Sie auf einen Blick, welche Zeitstufen die häufigsten sind. Sie sehen auch das Zusammenspiel der verschiedenen Vergangenheitsformen. Verweilen Sie in einer weiteren Runde bei einzelnen Szenen der Geschichte und achten Sie darauf, welche Zeiten darin verwendet werden. Suchen Sie dann nach analogen Szenarien, die Sie in einem Gespräch verwenden könnten. Wenn Sie öfter solche Bezüge schaffen, wird es Ihnen in einem spontanen Gespräch leichter fallen, ganz automatisch die richtige Zeit zu verwenden.

Eine höhere Stufe der Sprachwahrnehmung erklimmen
Durch die Markierungsmethode verhelfen Sie Ihrer Aufmerksamkeit zu einer ganz neuen Qualität; Sie schärfen sie auf nachhaltige Weise und kommen auf ein höheres Niveau der Sprachwahrnehmung. So, wie geübte Strahler einen Blick für Kristalle haben, so werden Sie einen Blick für sprachliche Formen entwickeln.

Nach dieser Übung werden Ihnen die Zeitstufen und deren konjugierte Formen stets ins Auge springen. Sie werden diese Dinge viel bewusster registrieren – ob Sie nun lesen oder hören, ob Sie Lehrbuchkapitel durcharbeiten oder ob Sie in der Zielsprache kommunizieren. Und mit jeder bewussten Wahrnehmung wird das Wissen erneut aktiviert und die Gedächtnisspur ein kleines Stück weiter verstärkt und ausgebaut.

ZUR SELBSTREFLEXION
1. Ist mir klar, warum für eine nachhaltige Schärfung der Aufmerksamkeit die Markierung von zwei oder drei Seiten nicht reicht?
2. Welche Vergangenheitsstufe kommt in meinem Text am häufigsten, welche nur selten vor?
3. Kann ich mir denken, warum ich für diese Übung eine Geschichte nehmen soll, die ich bereits öfter gehört und gelesen habe?

Die Lieblingslektüre zum Lehrtext machen

Sie haben nun gesehen, was man aus einer längst bekannten Geschichte dank geschärfter Sprachwahrnehmung herausholen kann. Statt sich beim wiederholten Lesen zu langweilen oder die erneute Lektüre gar als Zumutung zu empfinden, haben Sie spannende Forschungsarbeit betrieben. Diese Art des Lesens, bei der die Aufmerksamkeit nicht nur auf den Inhalt, die *Message*, sondern auch auf sprachliche und grammatikalische Aspekte, also auf die Form ausgerichtet ist, wird intensives Lesen genannt.[33]

Im Gegensatz dazu lesen Sie extensiv, wenn Sie sehr viel und häufig in der Zielsprache lesen, ohne sprachliche Aspekte unter die Lupe zu nehmen.

Im Folgenden geht es nochmals um das intensive Lesen; Sie nutzen wiederum Ihre Lieblingslektüre als Lehrtext. Der Fokus der Aufmerksamkeit wird diesmal jedoch anders, nämlich bedeutend breiter ausgerichtet: Sie unterstreichen nun sämtliche Wörter, Wendungen und Endungen, die Sie zwar passiv verstehen, aber nicht aktiv beherrschen.

Markieren, klären und unterstreichen
Sie benötigen dazu nur eine Seite Text aus Ihrer Lieblingslektüre. Wählen Sie einen Ausschnitt, den Sie besonders mögen, und kopieren Sie die Seite.

Um den Ausschnitt als Lehrtext zu nutzen, sollten Sie im Vorfeld sicherstellen, dass Sie alles verstehen. Markieren Sie deshalb zuerst einmal die unbekannten Wörter mit gelbem Leuchtstift und schreiben Sie den deutschen Begriff dazu.

Erst wenn Sie alles verstanden haben, wird es aus der Perspektive der Sprachschatzarbeit so richtig interessant, denn dann können Sie die Aufmerksamkeit voll auf die anderen sprachlichen Aspekte richten. Unterstreichen Sie nun all das mit Bleistift, was Sie nicht aktiv beherrschen. Also sämtliche Wörter, Redewendungen, Satzfragmente, Endungen und andern grammatikalischen Gebilde, die Sie nicht auf die vorgegebene Weise formulieren könnten, wenn Sie den Absatz nacherzählen müssten. Machen Sie sich darauf gefasst, dass es sehr viel zu unterstreichen gibt. Keine Angst, Sie brauchen am Ende nicht alles Unterstrichene in- und auswendig zu lernen! Der Zweck des Unterstreichens ist zunächst bloss, die Aufmerksamkeit zu schärfen. So lernen Sie, die Dinge, die Sie noch nicht aktiv beherrschen, bewusster wahrzunehmen.

Zur Illustration ein Beispiel aus meiner spanischen Lieblingsserie *Lola Lago Detective:*[34]

El martes salí de casa pronto, a las ocho. Para mí las ocho es prontísimo. En casa no quedaba café y fui a desayunar al bar de la esquina. Allí desayuno muchas veces. «Café con leche?» me preguntó Luis, el dueño. «Gracias Luis, y un paquete de ‹Habanos›.» «Vuelve a fumar, Srta. Lola? No lo había dejado?» «Sí, Luis, sí. Desgraciadamente vuelvo a fumar. Los nervios.» «Pues es muy malo...» «Lo sé, lo sé.»

Klären Sie dann in einer weiteren Runde grammatikalische Fragen: Warum wird hier dieses Hilfsverb verwendet? Warum diese Endung? Warum ohne Artikel? Warum die rückbezügliche Form? Gehen Sie denjenigen Fragen, die Sie nicht sicher beantworten können, wie ein Detektiv nach. Suchen Sie im Grammatikteil der Lehrbücher, in einem Grammatikbuch oder im Internet nach Antworten. Halten Sie die Erkenntnisse am Seitenrand fest, damit sie nicht schnell wieder vergessen gehen.

Mit dieser Vorgehensweise werden Sie Dinge bemerken, die Ihnen noch nie aufgefallen sind – selbst dann, wenn Sie den Text zuvor schon unzählige Male gehört oder gelesen haben.

Auf nützliche Wendungen setzen[35]

Betrachten wir nun das Unterstrichene. Sie haben wohl wie ich im obigen Beispiel neben einzelnen Wörtern auch eine Menge Wendungen unterstrichen, die Sie noch nicht aktiv beherrschen. Die Fragmente können sowohl grammatikalische Formen und Strukturen als auch typische Wortkombinationen enthalten.

Solche Satzfragmente und kurzen Sätze sind wie vorfabrizierte Bauelemente der Sprache. Die aktive Kenntnis möglichst vieler solcher Wendungen hilft Ihnen, sich grammatisch korrekt und wie Muttersprachler auszudrücken.

Oft ist es einfacher, sich eine Wendung statt eines einzelnen Worts einzuprägen. Besonders dann, wenn das Hirn einzelne Elemente zu sinnvollen Speichereinheiten verknüpfen kann. So benötigen zum Beispiel *to commit a crime* oder *clear as crystal* kaum mehr Speicherplatz im Arbeitsgedächtnis als ein einzelnes Wort.

Sollten Sie nun auf die naheliegende Idee kommen, aus sämtlichen Unterlagen die nützlichsten Wendungen und Sätze systematisch herauszusuchen und sich diese einzuprägen, werden Sie indes nicht sehr erfolgreich sein. Die Repetition isolierter Sätze wird Ihnen Mühe bereiten – und der spontane Einsatz in einem Gespräch noch viel mehr. Warum? Weil nicht nur Wörter, sondern auch Sätze und Wendungen am besten gespeichert und abgerufen werden können, wenn Sie in einem grösseren Zusammenhang stehen und mit bestimmten Situationen oder Geschichten verknüpft sind. Hier sind die längst vertrauten, öfter gelesenen und gehörten *Easy Readers* und anderen Geschichten einmal mehr von Nutzen.

Auswählen und aktiv lernen

Wie kann nun das Unterstrichene in Ihrem Lehrtext mit vernünftigem Zeitaufwand angegangen werden? Gehen Sie wie immer selektiv vor und fragen Sie sich zunächst, was genau Sie zum jetzigen Zeitpunkt aktiv beherrschen wollen. Sehen Sie sich die unterstrichenen Fragmente an: Manche Wörter und Wendungen sind überreif, das heisst, Sie hätten sie schon öfter gebrauchen können. Diese sollen Sie nun lernen. Ebenso Begriffe, die gerade eben reif sind – das heisst solche, für die Sie Bedarf sehen. Dazu gehören auch Ausdrücke, die Ihnen vertraut vorkommen, weil Sie sie schon häufig angetroffen haben, oder Begriffe, zu denen Sie eine besondere Beziehung haben.

Fahren Sie dann wie folgt weiter, um sich diese Wörter und Wendungen anzueignen:

- Die reifen und überreifen Sätze und Wendungen auf ein Blatt schreiben (oder eintippen) und sie nummerieren.
- Auf ein zweites Blatt in derselben Darstellungsweise die deutsche Übersetzung notieren. Das Datum dazuschreiben.

- Sich mithilfe der Übersetzung die Sätze abfragen. Schwierige Sätze zunächst mit gelbem Leuchtstift markieren.
- Die Abfrage der gelb markierten Sätze mehrmals und in stetig grösseren Zeitabständen wiederholen (siehe Seite 166).

Statt auf zwei losen Blättern lassen sich auch zwei nebeneinander liegende Seiten in einem Heft oder aber Karteikarten verwenden. Sollten Sie dazu neigen, im Eifer zu viele Wendungen zu notieren, begrenzen Sie sich auf zehn oder zwanzig Zeilen oder auf eine einzige Seite.

Sie werden beim Repetieren sehen, wie leicht sich Wendungen aus wohlbekannten Texten abrufen lassen. Bei jeder Wendung und jedem Satzfragment erinnert man sich an die betreffende Szene der Geschichte. Der besondere Gewinn dabei ist der, dass sich Dinge, die derart gut eingebunden sind, leichter in ähnliche Situationen übertragen lassen. Dies wird Ihnen beim nächsten Schritt, beim Sprechen und Schreiben, zugute kommen.

ZUR SELBSTREFLEXION
1. Merke ich, dass meine Sprachwahrnehmung durch systematisches Unterstreichen geschärft wird?
2. Welche meiner unterstrichenen Wörter und Wendungen sind überreif, welche reif?
3. Gefällt mir die Detektivarbeit, oder gehe ich die Grammatik lieber Schritt um Schritt mithilfe eines Lehrbuchs oder Kurses an?

Schreiben, um sich sprachlich zu verbessern

Im Vergleich zum Hören, Lesen und Sprechen wird das Schreiben beim Sprachenlernen sehr viel seltener praktiziert. Für die meisten Lernenden braucht es derart viel Überwindung, dass sie in der Zielsprache höchstens E-Mails oder andere Messages schriftlich formulieren. Es sei denn, sie müssen in ihrem Beruf Berichte schreiben oder sie wollen ihre Masterarbeit auf Englisch verfassen. Vielleicht kommen Sie auch in eine andere Situation, in der eine schriftliche Vorbereitung enorm hilfreich ist.

Bei mir war dies der Fall, als ich vor einem Jahr eine Einladung nach Barcelona erhielt. Der Grund war die Lancierung der spanischen Übersetzung meines Buchs *Konzentration leicht gemacht*.[36] Es bedeutete, einem Dutzend Radio- und TV-Moderatoren Rede und Antwort zu stehen. Die Herausforderung reizte mich, doch meine damaligen Spanischkenntnisse reichten nicht, um auf Fragen rund ums Thema Konzentration spontan und sprachlich einigermassen korrekt einzugehen. Immerhin war mir klar, wie ich das Problem angehen konnte: Als Erstes eignete ich mir den spezifischen Wortschatz an; dann bereitete ich mich gezielt auf die Interviews vor. Für diese Vorbereitung half es enorm, die Antworten auf mögliche Interviewfragen zunächst schriftlich zu formulieren.

Beim Schreiben kann man besser auf den richtigen Gebrauch der Sprache achten. Wenn Sie im Tandem lernen, haben Sie zudem jemanden, der Ihren Text kommentiert und korrigiert. So lassen sich die häufigsten Fehler schnell ausmerzen (siehe Seite 90) und bessere Formulierungen finden.

In diesem Kapitel befassen wir uns ebenfalls mit der schriftlichen Sprachproduktion. Dabei geht es nicht nur um das Schreiben aus freien Stücken; Sie werden auch sehen, wie Sie durch Übersetzen sehr viel lernen können.

Sich möglichst gut ausdrücken

Das Schöne beim Schreiben ist, dass man Zeit zum Überlegen hat und dass sich das Geschriebene überarbeiten lässt. Nutzen Sie deshalb das Schreiben immer auch, um sich sprachlich zu verbessern. Formulieren Sie das, was Sie sagen wollen, stets so gut, wie Sie es überhaupt nur können – und zwar unabhängig davon, ob Sie ein Erlebnis für die Besprechung im Tandem notieren, eine kurze E-Mail schreiben oder an einem Fachtext arbeiten.

Die folgenden fünf Punkte sind der Schlüssel zum Erfolg. Berücksichtigen Sie nach Möglichkeit alle!

- **Typische Wendungen gebrauchen.** Probieren Sie, sich so auszudrücken, wie wenn Sie Muttersprachler wären. Nutzen Sie Ihr intuitives Sprachgefühl oder lassen Sie sich von entsprechenden Texten in der Zielsprache inspirieren.
- **Beim Wortschatz variieren.** Gebrauchen Sie nicht stets dieselben Begriffe. Zeigen Sie Ihr Können und machen Sie sich einen Spass daraus, passende Synonyme und präzise Ausdrücke zu gebrauchen.
- **Auf grammatikalische Genauigkeit achten.** Sie wissen schon: Satzstellung, Artikel, Zeitstufen, Endungen – es soll alles stimmen (siehe auch letzter Punkt).

- **Am Schluss nochmals nach Fehlern suchen.** Nutzen Sie schon mal die Autokorrektur-Funktion der Zielsprache. Suchen Sie am Ende noch nach weiteren Fehlern (siehe Checkliste unten).
- **Den Text korrigieren lassen.** Lassen Sie wenn immer möglich Ihren schriftlichen Output korrigieren. Sie werden staunen, was Muttersprachler noch alles finden!

Wenn Sie alle diese Punkte beachten und am Ende Ihren Text betrachten, werden Sie grosse Genugtuung verspüren. Sie werden Ihre französische Korrespondenz oder Ihren englischen Fachartikel mit Stolz betrachten und den Aufwand nicht bereuen.

KLEINE FEHLERCHECKLISTE[37]
- ☐ Stimmen die Artikel und die entsprechenden Endungen der Adjektive?
- ☐ Habe ich die richtigen Zeitstufen eingesetzt?
- ☐ Stimmen die Endungen der Verben?
- ☐ Habe ich irgendwelche Wörter verwendet, bei denen ich nicht sicher bin, ob sie passen?
- ☐ Tönt die Satzstellung nach meinem intuitiven Sprachgefühl richtig?
- ☐ Gibt es unfertige Sätze?
- ☐ Habe ich die Satzzeichen so gesetzt wie in der Zielsprache üblich?

Was Korrektur bewirken kann

Wenn immer Sie die Texte korrigieren lassen können: Nutzen Sie die Gelegenheit! Man kann sich eher zum Schreiben überwinden, wenn der Output am Ende von einer anderen Person gelesen wird. Dazu kommt, dass man sehr viel aus den Fehlern lernt und manche sich fortan leichter vermeiden lassen. Eine Korrektur kann indes noch mehr bewirken. Ich möchte Ihnen dies anhand meiner eigenen Erfahrung schildern.

Nachdem ich die Texte für die Werbetour in Barcelona sorgfältig formuliert und nochmals durchgesehen hatte, druckte ich die Blätter aus und brachte sie zum Tandemtreffen mit. Meine Partnerin las das Geschriebene jeweils halblaut vor sich hin und korrigierte und kommentierte laufend. Dabei gewann ich wichtige Erkenntnisse. Als Erstes fiel mir auf, dass viele Fehler regelmässig vorkamen; wir lachten jeweils, wenn sie wieder auf einen solchen Lieblingsfehler stiess. Das zweite Aha-Erlebnis kam später, als ich von einem Moderator Interviewfragen erhielt und meine Antworten formulierte. Während des Schreibens realisierte ich zunächst, wie sehr meine Aufmerksamkeit für die Lieblingsfehler geschärft worden war. Doch das war nicht alles: Als ich am Ende das Geschriebene nochmals durchging, war es, als ob ich den Text mit den Augen meiner Tandempartnerin betrachten würde. Prompt konnte ich noch weitere Fehler finden!

Übersetzen

Wenn Sie Ihre Sprachkompetenz verbessern wollen, sind auch Übersetzungen in die Zielsprache äusserst wirkungsvoll.[38]

Die Herausforderungen beim Übersetzen sind etwas anders gelagert als sonst beim Schreiben: Die Sätze sind in der Ausgangssprache vorgegeben, und man kann sprachlichen Hürden weniger gut ausweichen als beim Formulieren nach eigenem Belieben.

Beim Übersetzen geht es darum, die Sätze in der Ausgangssprache richtig zu verstehen und dann die Aussage sinngemäss in der Zielsprache auszudrücken. Dazu muss man die charakteristischen Wörter und Ausdrucksweisen kennen und wissen, wie man etwas auf typisch Englisch, Spanisch oder Französisch sagt. Hilfreich ist dabei die Methode der Rückübersetzung.

DUOLINGO

Mit dem kostenlosen Online-Lernprogramm Duolingo können Sie Sätze auf Ihrem Sprachniveau (bis B2) übersetzen. Das Programm macht Spass, und der Lerneffekt ist gross, da die eingetippten Sätze korrigiert und dazu noch alternative Ausdrucksweisen angeboten werden. ■

Die Rückübersetzungsmethode praktizieren[39]

Ich nenne die Methode so, weil sie eine Hin- und eine Rückübersetzung erfordert. Sie gehen von einem Text in der Zielsprache aus. Wie immer nehmen Sie dazu mit Vorteil eine passende Sequenz aus einem Ihrer *Easy Readers* oder aus einem anderen Text, der Ihrem Niveau entspricht. Er soll Wendungen enthalten, die Sie in Ihren aktiven Sprachschatz integrieren möchten.

Diesen Text übersetzen Sie nun derart in Ihre eigene Sprache, dass Sie beim späteren Rückübersetzen auf die ursprüngliche Formulierung kommen.

Rückübersetzungen können Sie eigenhändig korrigieren, denn Sie haben die korrekte Vorlage bereits. Die Methode ist sowohl für Anfänger als auch für Fortgeschrittene extrem wirkungsvoll. Sie kann einerseits als Test für die Kenntnisse eingesetzt werden. Anderseits ist sie äusserst nützlich, um sich typische Formulierungen in der Zielsprache anzueignen.

Tragen Sie die Korrekturen stets deutlich ein und nutzen Sie einen farbigen Stift. So haben Sie ein Bild vor Augen. Wenn Sie das Ganze auf Papier statt am Bildschirm machen, haben Sie dazu noch etwas in der Hand. Pinnen Sie das Blatt irgendwo an eine Wand. Werfen Sie im Vorbeigehen jeweils einen Blick auf die korrigierten Stellen und prägen Sie sich diese von Neuem ein. In zähen Fällen ist es ausserdem empfehlenswert, die korrigierten Sätze auf Lernkärtchen zu notieren und sie mehrmals abzufragen.

pain de chocolat

pain ~~de~~ au chocolat

Generell bleiben schriftliche Korrekturen in Texten bedeutend besser im Gedächtnis haften als mündliche Verbesserungshinweise. Für einen nachhaltigen Lerneffekt sollten indes auch Rückübersetzungen wiederholt gemacht werden. Schreiben Sie bei jeder Version das Datum dazu. So sehen Sie Ihren Lernfortschritt.

ZUR SELBSTREFLEXION
1. Was bringt es mir, selbst bei einfachen Dingen wie dem Schreiben einer E-Mail stets das Beste zu geben und so gut zu formulieren, wie ich es überhaupt nur kann?
2. Welches sind meine Lieblingsfehler?
3. Mit welchem kleinen Text könnte ich die Rückübersetzungsmethode ausprobieren?

12. An kommunikativer Sicherheit gewinnen

Angenommen, Sie müssen in drei Wochen in der Zielsprache einen Vortrag halten, Vertragsverhandlungen leiten oder wichtige Kunden durch die Firma führen. Sie sind nervös, denn eigentlich entsprechen Ihre Kenntnisse nicht ganz dem, was in einer solchen Situation erforderlich wäre. In einem solchen Fall gibt es nur eins: sich einen Ruck geben und ins kalte Wasser springen – statt wie ein Kaninchen beim Anblick des Fuchses zu erstarren und nichts zu tun.

Werden Sie also aktiv und packen Sie es an! So verschwindet auch die Angst. Wie Sie sich schon mal schriftlich auf eine solche Herausforderung vorbereiten können, haben Sie im letzten Kapitel erfahren. Hier geht es nun darum, sich auch mündlich noch besser auszudrücken. Durch die Methode des Nacherzählens sowie mithilfe kleiner Kommunikationstricks lassen sich sprachliche Sicherheitsinseln schaffen, auf die Sie sich retten können. Ihre Anstrengung wird belohnt, und wenn Sie sich am Ende versierter fühlen, können Sie das Bad im kalten Wasser vielleicht sogar geniessen.

Das Nacherzählen üben

Im Gegensatz zum freien Sprechen hat das Nacherzählen einen enormen Vorteil: Sie gehen wie bei der Rückübersetzungsmethode von einer sprachlich einwandfreien Vorlage aus. Wenn Sie Ihre Sprachkompetenz spürbar verbessern möchten, kann ich Ihnen das Nacherzählen wärmstens empfehlen.

Dabei können Sie sich unterschiedlich stark an der Vorlage orientieren. Das Spektrum reicht vom völlig freien Nacherzählen über die Übernahme von einzelnen Wörtern, Wendungen und Sätzen bis hin zur wörtlichen Reproduktion.

Je nachdem, was Sie beabsichtigen, können Sie dementsprechend auf ganz unterschiedliche Aspekte fokussieren:

- flüssiger sprechen
- gezielt neue Wörter gebrauchen
- auf nützliche Wendungen setzen
- Texte und Dialoge reproduzieren

Auf diese vier Aspekte möchte ich nun genauer eingehen. Das Motto kennen Sie vom Auffrischen her: *Learn at home and go out to speak.* Also: Zuerst zu Hause gut einüben und es dann der Tandempartnerin oder einem andern Gegenüber erzählen.

Flüssiger sprechen

Dies ist die einfachste Variante des Nacherzählens: Sie schildern das Gelesene oder Gehörte frei von der Leber weg, und zwar so gut, wie es Ihr aktuelles Sprachniveau erlaubt. Wenn Sie dieselbe Episode ein paarmal üben, wird Ihre Sprache automatisch flüssiger.

Als Vorlage nehmen Sie wie immer Material, das Sie auch sonst anspricht: einen Film, eine TV-Sendung, einen Podcast, eine ganze Geschichte oder einen Textausschnitt.

Führen Sie sich die Vorlage zu Gemüte und entscheiden Sie, ob Sie lieber das Ganze zusammenfassen oder mehr ins Detail gehen und das Nacherzählen eines Ausschnitts üben wollen.

Sobald Sie mit der Aufgabe beginnen, wenden Sie zudem einen kleinen Kniff an: Stellen Sie sich bereits zu diesem Zeitpunkt vor, wie Sie das Ganze einem Gegenüber erzählen.

Mit dem Gegenüber vor dem geistigen Auge proben Sie nun das Gehörte oder Gelesene einige Male. Sie können dies stumm und bloss in Ihrer Vorstellung tun; Sie können auch leise vor sich hinmurmeln oder mit normaler Lautstärke in den Recorder des Handys sprechen. Wenn Sie mit den Proben zufrieden sind, bringen Sie das Gelernte an den Mann beziehungsweise an die Frau.

Beim Üben des Nacherzählens werden Sie bald Lust auf mehr bekommen und auch versuchen, in der Vorlage enthaltene Wörter zu verwenden, die noch nicht zu Ihrem aktiven Sprachschatz gehören. Mir geht es jedenfalls so, und ich möchte Ihnen an einem Beispiel schildern, wie ich vorgegangen bin.

Gezielt neue Wörter gebrauchen[40]
Meine Tandempartnerin und ich unterhalten uns gerne über die spanische Küche, und bald einmal begann ich, mir im Internet spanische TV-Kochsendungen anzusehen. Mit dem Verstehen hatte ich keine grosse Mühe, denn man sieht, was der Koch gerade macht. Es fiel mir aber schwer, der Tandempartnerin nachher das Rezept zu erklären, weil es mir am aktiven Wortschatz fehlte.

Ich begann daher, während des Zuschauens die wichtigsten Wörter zu notieren. Manchmal schaute ich eine Aufzeichnung mehrmals an, um die Begriffe nochmals zu hören und die ganze Szene erneut zu sehen. Anschliessend übte ich mithilfe der Wörterliste die Rolle des Kochs ein. Als ich die neuen Wörter intus hatte, erklärte ich das Rezept meiner Tandempartnerin.

Dieses Vorgehen hat einen hohen Lerneffekt. Sie zwingen sich auf diese Weise, ein Vokabular einzusetzen, das Sie sonst zwar im Zusammenhang verstehen, aber nicht aktiv nutzen können. Je öfter Sie im Gespräch ganz bewusst neue Wörter gebrauchen, desto rascher lässt sich der aktive Sprachschatz anhäufen.

Auf typische Wendungen setzen
Befunde aus der Sprachforschung zeigen, dass auch in der Muttersprache Äusserungen weniger Wort für Wort produziert, sondern gleich als automatisierte Sequenzen aus dem Gedächtnis abgerufen werden. Etwa 70 Prozent der Alltagssprache von Muttersprachlern basieren auf solchen automatisierten Wendungen.[41] Untersuchungen zeigten, dass eloquente

Sprecher über mehr solche verinnerlichten Sequenzen verfügen als ihre weniger sprachgewandten Kollegen.

Wenn Sie sich ein grosses Repertoire an automatisierten Wendungen zulegen, können Sie nicht nur flüssiger sprechen; auch der geistige Aufwand ist geringer. Sie machen zudem weniger Fehler und drücken sich wie Muttersprachler aus.

Texte und Dialoge reproduzieren
Sei es für eine Präsentation an einer Konferenz, sei es für ein Theaterstück oder für eine andere Situation, in der es darum geht, sich möglichst gut auszudrücken: Wenn Sie raschmöglichst an sprachlicher Sicherheit gewinnen wollen, ist es ratsam, sich gleich ganze Abschnitte oder Dialoge einzuprägen. Und zwar so, dass Sie sie am Ende mehr oder weniger frei aus dem Gedächtnis reproduzieren können. Ab Seite 149 gehe ich näher auf geeignete Memoriermethoden ein.

Für Ungeübte ist das In- und Auswendiglernen mühsam, keine Frage. Aber wenn man durchhält, wird die Anstrengung gleich doppelt belohnt. Im Zusammenhang mit meiner Buchvorstellung in Barcelona konnte ich dies eindrücklich erfahren. Es ging darum, die Antworten, die ich für die Interviews schriftlich vorbereitet hatte, derart zu memorieren und einzuüben, dass ich sie während der Sendungen spontan abrufen und wenn nötig variieren konnte.

Dieses Auswendiglernen und Einüben kam mir wie ein intensives Krafttraining auf der geistig-mentalen Ebene vor. Es war hart, und ich musste mich immer wieder neu für den Kraftakt überwinden. Aber ich wollte mich während der Interviews sicher fühlen, und das motivierte mich.

Die sprachliche Sicherheit, die man durch den Effort gewinnt, ist das grosse Plus. Wenn einem die Wörter und Sätze geläufig sind, fühlt man sich beim Sprechen besser. Man schafft sich durch das Auswendiglernen und Einüben so etwas wie Sicherheitsinseln, auf die man sich immer wieder retten kann. Man spürt zudem am Ende die Zufriedenheit, etwas geschafft zu haben, das man sich vorher vielleicht gar nicht zugetraut hätte.

Von den Sicherheitsinseln konnte ich während der Interviews in den Sendestudios profitieren. Ich schlug mich einigermassen zufriedenstellend und wurde von Interview zu Interview lockerer. Das war jedoch noch nicht das Ende. Die Überraschung kam, als ich wieder zu Hause war.

Ich entdeckte nämlich im Nachhinein noch einen wunderbaren Nebeneffekt der ganzen Anstrengung: Seit diesem Kraftakt fällt mir die Überwindung sowohl für das Memorieren und Einüben als auch für das Schreiben bedeutend leichter; die Hürden sind verschwunden!

Ich schreibe nun öfter kleine Texte, um sie im Tandem zu besprechen. Auch das Einüben und Nacherzählen kleiner Episoden hat jetzt einen festen Platz in meinem methodischen Repertoire. Dazu freue ich mich bereits darauf, das Nacherzählen beim Einstieg in eine neue Sprache noch ausgiebiger zu praktizieren.

ZUR SELBSTREFLEXION
1. Nutze ich freie Minuten, um mir den Text abermals in Erinnerung zu rufen?
2. Merke ich, wie mir das Nacherzählen mit jeder Wiederholung leichter fällt und der Grad der Automatisierung steigt?
3. Kenne ich das gute Gefühl, wenn ich beim Sprechen weiss, dass die Formulierung eines Satzes grammatikalisch einwandfrei ist?

Kleine Kommunikationstricks nutzen

Damit Sie in realen Kommunikationssituationen Unsicherheiten überbrücken können, möchte ich Ihnen zum Schluss noch drei Gesprächstaktiken aufzeigen. Sie sollen lernen, wie Sie signalisieren, dass Sie das Gehörte verstanden haben, wie Sie kurzes Nachdenken und Verzögerungen überbrücken und wie Sie die Gesprächsbereitschaft des Gegenübers durch Nachdoppeln aufrechterhalten können.

- **Verstehen signalisieren.** Es braucht Geduld, mit Menschen zu kommunizieren, die einer Sprache nicht ganz mächtig sind. Denken Sie stets daran. Zeigen Sie sich für die Nachsicht Ihres Gegenübers erkenntlich, indem Sie umso besser zuhören und dabei ab und zu signalisieren, dass Sie verstanden haben. Setzen Sie dabei neben der Körpersprache auch typische Ausrufe ein wie *I see!*, *how interesting!*, *qué susto!*, *no me digas!*, *c'est bizarre!*, *merveilleux!* Mit solchen Mini-Feedbacks halten Sie das Gespräch am Laufen und schaffen zudem Gelegenheit, selbst wieder das Wort zu ergreifen.
- **Verzögerungen überbrücken.** Hat man das Wort ergriffen, gibt es oft kleine Verzögerungen, weil man Zeit braucht, um einen Begriff zu finden oder um eine Aussage zu formulieren. Um sich die Aufmerksamkeit des Gegenübers zu sichern, braucht es für solche Lücken geeignete Füller. Ganz klar, ein blosses *ääh…* ist auch in der Muttersprache keine Lösung. Roger Federer sagt in englischen Interviews oft *you know*. Auch Füller wie *well*, *bueno* oder *bon* dienen demselben Zweck und können etwas gedehnt ausgesprochen werden. Jede Sprache hat ihre ganz typischen Füller. Wenn Sie die Ohren spitzen und zum Beispiel im Zug Muttersprachler belauschen, werden Sie rasch auf die häufigsten Überbrückungsbegriffe stossen. *Y entonces…*
- **Nachdoppeln.** Die Taktik des Nachdoppelns ist genial einfach: Sie sagen *as you said* und wiederholen das, was Ihr Gesprächspartner soeben gesagt hat. So gewinnen Sie einerseits Zeit und repetieren gleichzeitig grammatikalisch richtige Sequenzen. Anderseits geben Sie Ihrem Gegenüber Bestätigung und halten so seine Gesprächsbereitschaft wach.

Und nun viel Spass beim Parlieren!

ZUR SELBSTREFLEXION
1. Wie wird in meiner Zielsprache signalisiert, dass man etwas verstanden hat?
2. Welche typischen Ausrufe und Füller sind mir bis jetzt in meinen Unterlagen oder bei Gesprächen von Muttersprachlern aufgefallen?
3. Wie sage ich «Wie Sie sagten» in meiner Zielsprache?

Teil III: Sich an eine neue Sprache wagen

13. Wie beginnen?   125
14. Mit Geschichten einsteigen   141
15. Hören und imitieren   153
16. Wörter memorieren   158
17. Verschiedene Lernstile pflegen   173
18. Dranbleiben und sich weiterbringen   179

Sie haben nun einiges über die Kunst des Sprachenlernens erfahren und Lust bekommen, es mit einer neuen Sprache zu versuchen. Allerdings ist nicht jede Sprache gleich anspruchsvoll. Es macht einen Unterschied, ob man Schwedisch, Spanisch oder Japanisch lernen will.

In diesem Buch geht es vor allem um die bei uns am häufigsten gelernten Sprachen wie Englisch, Französisch, Italienisch und Spanisch. Der Einstieg in eine schwierigere Sprache wird jedoch ebenfalls aufgezeigt. Wo die besonderen Herausforderungen bei den häufiger gelernten Sprachen liegen, soll als Erstes erläutert werden. Dann stelle ich Ihnen mit dem geschichtenbasierten Ansatz einen alternativen Einstieg vor. Ferner werden Wortschatz und Grammatik erneut thematisiert, denn die Basisstufe verlangt nach etwas anderen Methoden. Und wenn Sie Wert auf eine gute Aussprache legen, sollen Sie in diesem Teil ebenfalls auf Ihre Rechnung kommen.

Die beiden Schlusskapitel haben nicht nur für den Einstieg in eine Sprache Gültigkeit. Das Kapitel über Lernstile macht mit dem ganzen Wissen, das Sie durch die Lektüre erworben haben, mehr Sinn. Es soll Sie anregen, Ihr Potenzial voll auszuschöpfen, methodisch Neues zu wagen und unabhängig von Ihrem Niveau dranzubleiben und weiterzukommen.

III ■ ■ ■ SICH AN EINE NEUE SPRACHE WAGEN

13. Wie beginnen?

Sowohl beim Auffrischen als auch beim Vertiefen habe ich Ihnen vorgeschlagen, sich vor dem eigentlichen Start Ihres Lernprojekts eine Anwärmzeit zu gönnen. Wenn Sie sich an eine neue Sprache wagen, ist eine solche Schnupper- und Probierphase doppelt wichtig.

Sie ersparen sich mögliche Frustrationen, wenn Sie gleich von Anfang an eine Ahnung vom Schwierigkeitsgrad der Sprache haben und in etwa wissen, was Sie erwartet. Sprechen Sie als Erstes mit Bekannten, die sich bereits Kenntnisse in der Sprache angeeignet haben.

Dann möchte ich Sie ermuntern, sich einen Überblick über die Lehrmittel und -medien zu verschaffen, statt auf die erstbesten Unterlagen zu setzen. Beschaffen Sie sich während der Schnupperphase erstes Material. Tauchen Sie schon mal so richtig in die Sprache ein und gönnen Sie sich ein Sprachbad. Wenn Sie dabei bereits aktiv lernen, können Sie spüren, wie sich der Erwerb dieser Sprache anfühlt. Sie sehen, was Ihnen leichter und was Ihnen schwerer fällt und welche Lehrmittel und Methoden Sie am besten mögen.

Damit Sie sehen, wie ein solches Eintauchen und Erproben angegangen werden kann, werde ich Ihnen gleich von zwei Selbstversuchen berichten. Zuerst geht es jedoch noch um einfachere und schwierigere Sprachen.

Einfachere und schwierigere Sprachen

Ob wir das Erlernen einer Sprache als einfach oder schwierig empfinden, hängt stark davon ab, wie ähnlich sie unserer Muttersprache und anderen erworbenen Sprachen ist. Diese Ähnlichkeiten betreffen nicht nur den Wortschatz, sondern auch die Grammatik, die Aussprache und die Schrift. Betrachten wir diese Faktoren etwas genauer.

Ähnlichkeitsgrade beim Wortschatz
Basierend auf einem Grundwortschatz von 2000 Wörtern, lassen sich zum Beispiel folgende Ähnlichkeitsgrade finden:[42]

Über 90 Prozent: Spanisch – Italienisch / Portugiesisch
                   Deutsch – Holländisch

50 bis 80 Prozent: Deutsch – Schwedisch / Dänisch / Norwegisch
                   Französisch – Italienisch / Spanisch / Portugiesisch
                   Englisch – Deutsch

25 bis 50 Prozent: Englisch – Französisch / Spanisch / Italienisch

Rund 20 Prozent: Deutsch – Französisch

Für Menschen deutscher Muttersprache ist das Erlernen der englischen Sprache einfacher als für Spanierinnen oder für Franzosen. Etwa 60 Prozent des englischen Grundwortschatzes sind nämlich germanischen Ursprungs, während nur rund 35 Prozent aus dem Romanischen stammen. Interessant ist jedoch, dass sich dieses Verhältnis verschiebt: Bei einem Wortschatz von 10 000 überwiegt das Romanische und kommt auf rund 60 Prozent, während die Wörter germanischen Ursprungs nur noch rund 30 Prozent ausmachen. Weil Englisch zwei Herkünfte hat, gibt es mehr Synonyme als in den romanischen Sprachen. Fortgeschrittene Englischlernerinnen und -lerner kennen dieses Phänomen und profitieren von ihren Kenntnissen der französischen Sprache.

    Das Schulfranzösisch verschafft uns zudem einen bedeutend leichteren Zugang zu allen andern romanischen Sprachen. Der Ähnlichkeitsgrad ist beträchtlich. Ein paar Beispiele zur Illustration:

Deutsch	Französisch	Spanisch	Italienisch	Englisch
Land	pays	pais	paese	country
Spiel	jeu	juego	gioco	game
Zeitung	journal	periódico	giornale	newspaper
Kopf	tête	cabeza	testa	head
Arm	bras	brazo	braccio	arm

Unterschiedliche Schwierigkeitsgrade bei der Grammatik

Jedermann weiss: Die englische Grammatik ist einfacher als die französische oder die italienische – zumindest zu Beginn.

Fächert man die Grammatik in die vier Kriterien Artikel, Deklination (von Substantiven und Adjektiven), Konjugation sowie Gebrauch der Zeiten und Modi auf, sieht der Vergleich von Englisch, Deutsch, Französisch, Italienisch, Spanisch und Russisch nach Schwierigkeitsgraden folgendermassen aus:[43]

	E	D	F	I	Sp	Ru
Artikel	1	4	3	3	2	1
Deklination (Substantive, Adjektive)	1	5	2	2	1	5
Konjugation	1	3	5	4	4	3
Zeiten und Modi	3	3	4	4	4	2

(1 = einfach; 5 = schwierig)

Die Beurteilung basiert auf der Anzahl der Formen eines Kriteriums. Aus der Perspektive des lernenden Individuums können die Schwierigkeiten natürlich etwas anders beurteilt werden. So empfand ich die Konjugation im Spanischen schwieriger als im Französischen; dies, weil im Spanischen die Personalpronomen weniger oft gebraucht werden. So sagt man bloss *voy* oder *canto* für ‹ich gehe› oder ‹ich singe›. Dies war für mich neu und bedeutete eine Hürde. Für meine Nichte war es ebenfalls neu, doch ihr bereitete es keine Mühe.

Unvergleichlich grössere Hürden gibt es bei völlig fremden Sprachen wie Chinesisch, Japanisch oder Arabisch zu überwinden.[44] Um die kulturspezifischen Ausdrucksweisen und die Satzstrukturen zu erkennen, können Wort-für-Wort-Übersetzungen helfen. Allerdings gibt es in diesen Sprachen für manche Begriffe gar keine deutschen Entsprechungen.

> **DIE SPRACHENLERNWEBSITE SCHLECHTHIN**
> Unter dem Suchbegriff «BBC languages» kommen Sie auf die umfassendste Sprachenlernwebsite überhaupt. Sie erhalten Einblick in 40 verschiedene Sprachen, und das Angebot an Information, Materialien und Kursen ist immens. ∎

Aussprache und Schrift

Bei der Aussprache können bestimmte Laute, Betonungen oder auch schwierige Lautkombinationen Mühe machen. Dies ist sowohl im Englischen als auch im Deutschen, Französischen und Russischen der Fall. Die Aussprache im Spanischen gilt als die leichteste, gefolgt von derjenigen im Italienischen. Dazu kommt, dass Spanisch sowie grösstenteils auch Italienisch so ausgesprochen wird, wie es geschrieben ist. Bloss die Betonung ist etwas unterschiedlich.

Wird statt lateinischen Buchstaben ein anderes Alphabet verwendet, wie zum Beispiel das kyrillische Alphabet im Russischen, erhöht sich der Schwierigkeitsgrad. In noch komplexeren Sphären bewegen sich Zeichensprachen wie Japanisch oder Chinesisch, die als sehr schwierig zu erlernen gelten.

Hier befassen wir uns mit einer einfachen und einer schwierigeren Sprache: Ich möchte Ihnen erläutern, wie meine italienische Probierphase verlaufen ist und was meine Erkenntnisse beim Versuch mit der griechischen Sprache waren.

Einstieg ins Italienisch – Selbstversuch mit einer einfachen Sprache

Italienisch gehört für mich dank meiner Französisch-, Spanisch- und Englischkenntnisse zu den einfachen Sprachen. Ich hatte mich bis anhin noch nie mit dem Italienischlernen befasst, doch wenn ich Italienisch höre oder lese, kann ich meistens verstehen, worum es *grosso modo* geht. Hingegen hatte ich vor diesem Einstiegsexperiment keine Ahnung, wie man Verben konjugiert.

Das Ziel

Bereits vor Beginn dieses Selbstversuchs wusste ich: Irgendwann möchte ich derart gut Italienisch lernen, dass ich mich beim Reisen in Italien mit den Menschen unterhalten kann. Mit dem hier beschriebenen Experiment wollte ich die italienische Sprache schon mal etwas näher kennenlernen und herausfinden, welches bei dieser für mich einfachen Sprache die Herausforderungen beim Erlernen von Wortschatz und Grammatik sind. Es reizte mich, verschiedene Materialien und Methoden auszuprobieren, um zu sehen, welche für mich am besten funktionieren. Zudem wollte ich ergründen, was mich im Hinblick auf länger dauerndes Italienischlernen motivieren würde – und was nicht.

Dic Materialien

Auf einen Versuch mit einem Anfänger-Lehrbuch hatte ich keine Lust, denn ich wollte rascher in die Sprache eintauchen. Dazu war es mir wichtig, für das Experiment auch so oft als möglich die Leer- und Randstunden nutzen zu können. Aus diesen Gründen achtete ich darauf, dass zu den gedruckten Unterlagen stets auch Audio-CDs oder Downloads erhältlich waren.

Fürs Erste beschaffte ich mir die folgenden Materialien (die insgesamt nicht teurer als ein schönes T-Shirt waren):

- ***Earworms* Italienisch** mit Audio-CD und Begleitheft (Langenscheidt 2010). *Earworms* gibt es für den Einstieg in verschiedene Sprachen. Die mit Musik unterlegten Tracks zu Themen wie Restaurant, Einkaufen oder Zeitangaben enthalten je etwa 20 kurze, nützliche Sätze samt den deutschen Übersetzungen. Das kleine Begleitheft ist ebenfalls zweisprachig.
- ***Pasta per due,*** ein *Easy Reader* (Niveau A1; 500 Wörter) mit Audio-CD (Alma Edizioni 2002). Bei Alma Edizioni gibt es *Easy Readers* mit Audio-CD bis zum Niveau B1/B2 (2500 Wörter).
- **Italienisch Komplettkurs zum Hören** mit 9 Audio-CDs und Begleitheft (Hueber 2012). Der Hörkurs ist in 20 Kapitel unterteilt und enthält jeweils einen längeren Dialog, eine Erklärung zur Grammatik sowie Übungen. Im Begleitheft findet man zudem die Dialoge als Paralleltext Italienisch/Deutsch.
- ***Il ritorno del Gatto Fantasma,*** Lernkrimi auf Video-DVD mit Begleitheft (Cornelsen 2008). Das Begleitheft ist als gut strukturiertes, kleines Lehrbuch gestaltet.

Die Erfahrungen mit dem Material

Nachdem ich sämtliche CDs auf meinen MP3-Player überspielt hatte, probierte ich die verschiedenen Materialien während einiger Wochen aus und lernte fleissig. Ein Ergebnis sei bereits vorweggenommen: Ich realisierte mehr denn je, wie unglaublich stark die Lernfreude vom passenden Material abhängt.

Das Experiment begann mit den *Earworms*. Es machte dank der Musik Spass, jeweils einen Track in ständiger Wiederholung anzuhören. Die etwa 20 Sätze waren vom Umfang her gerade richtig; es war nicht zu viel, da ich das meiste verstand. Umso mehr konnte ich mich auf die richtige

Aussprache und Betonung konzentrieren und versuchen, das Gehörte so gut als möglich zu imitieren (siehe Seite 155). Die zweisprachige Liste im Begleitheft erwies sich ebenfalls als nützlich, denn damit liess sich das Gelernte bequem abfragen und so weiter festigen.

Die Geschichte *Pasta per due* entpuppte sich als Volltreffer. Zum einen, weil ich sie überraschend gut verstand und sie mir deshalb zu einem grossen Erfolgserlebnis verhalf. Zum anderen, weil mir die Geschichte an sich sympathisch war. Ich hörte mir jede einzelne kleine Episode unzählige Male an und las sie auch immer wieder mit Vergnügen. Im Kapitel «Mit Geschichten einsteigen» (siehe Seite 141) werde ich näher auf den Nutzen von Geschichten eingehen.

Der Hörkurs war aus verständlichen Gründen weniger interessant. Die Dialoge enthielten zwar nützlichen Wortschatz, aber sie waren etwas langweilig; es waren keine Geschichten, an die man sich gut erinnern kann. Auf den Wortschatz wollte ich jedoch nicht verzichten, denn er bildete eine gute Ergänzung zu den *Earworms*. Deshalb führte ich mir auch diese Tracks öfter zu Gemüte. Daneben schätzte ich die Paralleltexte im Begleitheft, denn diese erlaubten mir das Abfragen des Gelernten.

Das Begleitheft zum Film *Il ritorno del Gatto Fantasma* war äusserst ansprechend und klar gestaltet und machte mich neugierig auf den Film. Leider war mir der Hauptdarsteller unsympathisch, und ich konnte mich nicht überwinden, den Film wiederholt anzusehen. Eine Rolle spielte dabei auch, dass sich Filme im Gegensatz zu Audiomaterial nicht einfach nebenbei abspielen lassen. Das gut gemachte Begleitheft erwies sich jedoch für das Grammatiklernen als äusserst nützlich.

Erkenntnisse und Gedanken zum Selbstversuch Italienisch
Was waren nun die Freuden, was die Herausforderungen bei diesem Probelernen?

Je nach Material war die Freude am Italienischlernen ganz unterschiedlich. Ich fand die *Earworms* und vor allem die Geschichte *Pasta per due* äusserst motivierend. Beide weckten die Lust auf mehr, während sich der Hörkurs immerhin als nützlich erwies; der Film *Il ritorno del Gatto Fantasma* fiel jedoch durch.

Diese ganz persönliche Einschätzung lässt sich allerdings nicht generalisieren, denn ob einem ein bestimmtes Lernmedium zusagt, hängt von vielen Faktoren ab. Wenn wie beim Film oder beim Hörkurs ein einziger nicht passt, vergeht die Lust am Lernen. Die *Earworms* waren für meine Bedürfnisse beim Einstieg in eine einfache Sprache passend: Sowohl der Inhalt als auch der Umfang der Lektionen stimmte, die Stimmen waren mir sympathisch, und auch die Begleitmusik fand ich ziemlich gut. Die Geschichte *Pasta per due* liebte ich so sehr, dass ich sogleich weitere A1-Bändchen bestellte. Vom Hörkurs hatte ich mir mehr versprochen, denn ich kannte bereits den gleich aufgebauten Hörkurs *Spanisch für Fortgeschrittene* vom selben Verlag, der zu meinen Lieblingsmaterialien zählt. Doch dort sind die Dialoge in gut erinnerbare Geschichten eingebettet. Kurzum, Vorlieben und Missfallen lassen sich nicht verallgemeinern. Man muss die Materialien selbst ausprobieren.

Was die Herausforderungen betrifft, empfand ich sie bei dieser einfachen Sprache ähnlich wie beim Auffrischen: Einerseits kam mir der Wortschatz vertraut vor, ich verstand vieles und konnte mir dank Ähnlichkeiten viele Wörter mit vergleichsweise wenig Aufwand aneignen. Anderseits gab es zähe Brocken, mit denen ich mich wie bei einer schwierigeren Sprache abmühen musste, weil sich keinerlei Ähnlichkeit finden liess. Auch bei der Grammatik, zum Beispiel bei der Konjugation der Verben, kommt man um aktives Lernen und Üben nicht herum. In den Kapiteln 16 und 17 werde ich näher auf diese Aspekte eingehen.

Im Unterschied zum Auffrischen stösst man beim Einstieg in eine Sprache stets auf Neues: Es ist spannend, man erlebt Überraschungen, und dies macht enorm viel Spass und weckt die Lust auf mehr.

Die Lust auf mehr

Wenn alle Faktoren stimmen, kann allein schon das Material unglaublich motivierend sein. Doch warum? Was war es, das bei den *Earworms* und bei der Geschichte *Pasta per due* meine Lust auf mehr weckte?

Zum einen war es der schöne Klang der italienischen Sprache und der Sprechstimmen. Insbesondere beim Hören der *Earworms*, bei denen die Sätze mehrmals und in unterschiedlicher Betonung wiederholt werden, fiel mir dies auf. Ich bekam grosse Lust, die Stimmen zu imitieren.

Dazu weckten Sätze wie «*Volete un caffè?* – Wollen Sie einen Kaffee?» meinen Wissensdurst: Ich wollte auch gleich «Ich möchte einen Kaffee» oder «Wir möchten einen Kaffee» sagen können. Ähnlich ging es mir bei der Lektüre von *Pasta per due:* Es reizte mich, die Sätze anzuwenden; ich wollte wissen, wie die Verben konjugiert werden.

Dazu kam mit den *Earworms* noch ein anderes Bedürfnis auf: Ich wollte die italienischen Bezeichnungen für weitere Getränke und Speisen kennen. Die Vorstellung, so souverän wie die Sprecher in einer italienischen Bar eine Bestellung aufgeben zu können, spornte mich an.

Auch die Geschichte *Pasta per due* machte nach mehrmaligem Hören Lust aufs Sprechen und aufs Nacherzählen – und überhaupt aufs Italienischlernen. Und zwar auf eines, das über den einfachen Reisewortschatz hinausgeht!

Bevor ich Ihnen mein weiteres Programm fürs Italienischlernen vorstelle, lege ich Ihnen meine Erfahrungen mit dem Griechischlernen dar.

LERNSOFTWARE

Falls Sie für den Einstieg in Ihre Sprache Lernsoftware benutzen möchten, verschaffen Sie sich am besten zuerst einen Überblick über die wichtigsten Lernprogramme. Unter den Stichworten «test sprachenlernsoftware» oder «language learning software» lassen sich aktuelle Testberichte aus PC-Magazinen finden. Die meisten multimedialen Lernprogramme bieten einen kostenlosen Einstieg an. Nutzen Sie diese Möglichkeit und probieren Sie unterschiedliche Programme aus. Manche sprechen einen eher auf der auditiven, andere eher auf der visuellen Ebene an.

Griechisch lernen – Selbstversuch mit einer schwierigen Sprache

Die Ausgangslage für den Einstieg ins Griechisch war völlig anders als beim Italienisch-Experiment: Griechisch gilt als eine schwierige Sprache, denn es weist kaum Ähnlichkeiten zu den grossen europäischen Sprachen auf. Dazu kommt noch die griechische Schrift. Die einzigen Vorkenntnisse, auf die ich zurückgreifen konnte, waren die griechischen Buchstaben aus dem Geometrieunterricht. Ansonsten kannte ich Griechenland nur von Bildern und hatte keine Ahnung, wie Griechisch tönt.

Das Ziel
Bei diesem Versuch interessierte mich, wo ganz generell bei einer schwierigeren Sprache die Herausforderungen liegen und wie weit mein multi-

methodischer Ansatz beim Erlernen der Wörter und Sätze hilfreich ist. Ich gehöre zu den Lernenden, die ein Wort in geschriebener Form sehen müssen, um es sich merken zu können. Allerdings habe ich in den letzten Jahren erfahren, wie sehr häufiger Hör-Input die Lernwirkung verstärken und auch die Motivation erhöhen kann. Ich wollte wissen, ob mir dies auch beim schwierigen Griechisch hilft.

Die Materialien

Die Materialauswahl ist bei seltener gesprochenen Sprachen geringer. Deshalb benützte ich zum Teil auch Unterlagen aus englischen Verlagen. Ich benötigte zudem mehr Material, obwohl mein Ziel weniger weit gesteckt war als beim Versuch mit dem Italienischlernen. Denn mit der griechischen Schrift kommt ein weiterer Faktor dazu, und ich wollte die Wörter und Sätze nicht nur in der griechischen Schrift, sondern jeweils auch in der lateinischen Umschrift und auf Deutsch (oder Englisch) vor mir haben, also Συγγνώμη – Signomi – Entschuldigung.

Ich erstand die folgenden Anfänger-Hörkurse, die ich auf mein Smartphone überspielte, um sie stets zur Hand zu haben:
- **Griechisch lernen mit *The Grooves*** mit Audio-CD und Begleitheft (thegrooves 2007)
- ***Earworms Rapid Greek Vol. 1*** mit Audio-CD und Begleitheft (earwormslearning 2006)
- ***Collins Easy Learning Greek Audio Course*** mit 3 Audio-CDs und Begleitheft (Harper Collins Publishers 2009)
- ***BBC Active Greek. The ideal course for absolute beginners.*** Mit 2 Audio-CDs und Begleitbuch (Educational Publishers LLP 2006)

Ferner nutzte ich das kleine Lehrbuch für Reisegriechisch:
- **Griechisch Wort für Wort** (Reise Know-how Verlag, neu bearbeitete Auflage 2013)

Die Erfahrungen mit dem Material

Ich begann das Experiment mit *The Grooves*. Dieser kleine Hörkurs funktioniert nach demselben Prinzip wie die *Earworms:* Die Lektionen sind mit Musik unterlegt, und die kurzen Sätze werden mehrmals und auf unterschiedliche Weise wiederholt. Der Einstieg war beschwingt; die Musik der ersten Lektion erinnerte mich an die Filmmusik von Zorbas, und ich sah vor meinem geistigen Auge bereits Bilder vom blauen Himmel und den weissen Häusern Griechenlands. Die griechischen Begrüssungsformeln hörten sich jedoch äusserst fremd an, und ich musste das Begleitbuch zu Hilfe nehmen, um die Wörter nur schon rein akustisch zu verstehen. Ab der zweiten Lektion war der Spass mit der griechischen Musik leider vorbei, und die harten Sounds missfielen mir derart, dass ich die weiteren Lektionen nicht mehr anhören mochte.

Die *Earworms*-Musik sagte mir besser zu. Doch die Mühe mit den fremdartigen Wörtern blieb. Im Gegensatz zur italienischen Version waren mir die Lektionen mit den rund 20 kurzen Sätzen viel zu umfangreich.

Der *Collins Easy Learning Greek Audio Course* hingegen passte mir, denn pro Lektion gab es jeweils nur eine Handvoll neue Wörter. Zudem schätzte ich auch hier, dass die Texte im Begleitheft exakt den Hörtexten entsprachen und sehr übersichtlich dargestellt waren.

Auch bei *BBC Active Greek* war die Länge der Tracks angemessen. Das Hören machte Spass, und das Material ergänzte den *Collins*-Kurs gut. Allerdings störte es mich, dass nach den ersten paar Lektionen bereits auf die lateinische Umschrift verzichtet wurde.

Auf das kleine Buch *Griechisch Wort für Wort* mochte ich beim Weiterlernen nicht verzichten, obwohl darin die griechische Schrift gänzlich fehlte und nur ein Teil der Wörter und Sätze gehört werden konnte. Das Buch enthält jedoch viele nützliche Informationen über Sprache und Kultur, und dies wirkte motivierend.

Die Erkenntnisse aus dem Selbstversuch Griechisch
Es zeigte sich sogleich, dass die Herausforderungen bei einer schwierigen Sprache ganz andere Dimensionen annehmen: Die Sprache war derart fremd, dass beim Hören zunächst überhaupt nichts anklang. Es gab nichts, das mir auch nur im Geringsten bekannt vorkam. In einem einzigen Fall nur konnte ich an meine sprachlichen Kenntnisse anknüpfen (*asanser* – Lift), was dementsprechend ein Highlight war.

Die Situation erinnerte mich an meine früheren Erfahrungen mit dem Arabischlernen, wo es mir gleich erging: Die Wörter waren durch ihre Fremdheit durchwegs zähe Brocken, und es brauchte sehr viel Zeit und Anstrengung, bis sie geläufig waren.

Aus diesem Grund waren für mich die *Earworms*-Lektionen fürs Erste zu umfangreich. Selbst nach mehrmaligem Hören hinterliessen die Sätze kaum Spuren im Gedächtnis. Ich musste in kleineren Schritten vorgehen und mich jeweils auf ein paar wenige neue Wörter aufs Mal konzentrieren.

Bei etwa 90 Prozent der Begriffe funktionierte die Speicherung nur über eine Eselsbrücke. Bei den restlichen rund 10 Prozent der Wörter erübrigte sich das Ausdenken einer Merkhilfe, weil ich durch wiederholtes Hören die Sprechstimme innerlich hören konnte. In einigen wenigen Fällen war die Erinnerung visueller Art; ich erinnerte mich an das lateinische Schriftbild des Wortes.

Obwohl ich ein schlechtes auditives Kurzzeitgedächtnis habe, entfaltete der häufige Audio-Input in Kombination mit den Eselsbrücken bei der langzeitlichen Speicherung, also bei der Festigung und Automatisierung, seine Wirkung. Ich nutzte auch während des Übens weiterhin das Audiomaterial; so konnte ich die Wörter und kleinen Dialoge zunehmend innerlich hören und musste nicht mehr auf die Eselsbrücken zurückgreifen.

Generell steht bei schwirigen Sprachen die Speicherung des Wortschatzes und damit das Repetieren und Festigen so sehr im Vordergrund, dass die Grammatik unweigerlich in den Hintergrund rückt. Dies zeigen auch Befunde von Sprachforschern, die einen Selbstversuch wagten.[45]

Wie damals beim Arabischlernen spürte ich jedoch bereits bei diesem kurzen Griechisch-Experiment den speziellen Reiz, den schwierige Sprachen haben können: Jedes Wort und jeder kurze Satz, den man spontan aus dem Gedächtnis abrufen kann, macht stolz. Es ist jedes Mal ein kleiner Triumph, wenn etwas sitzt. Und wenn das Gelernte im Zielland Wirkung zeigt, ist der innere Jubel besonders gross.

Beim Lernen einer schwierigen Sprache stapft man sozusagen im Tiefschnee einen Berg hoch. Im Gegensatz dazu gleicht der Erwerb einer einfachen Sprache einer Fahrt auf einem Veloweg, der bloss durch leicht hügeliges Gelände führt.

Eine wichtige Erkenntnis, die erst später kam
Beim Zusammenstellen der Erfahrungen für dieses Buch gewann ich eine weitere wichtige Einsicht. Es ging um die Frage, ob man die Wörter gleich mit der fremden Schrift lernen soll, oder ob es langfristig gesehen wirkungsvoller ist, sich die Wörter zunächst mithilfe der lateinischen Umschrift anzueignen.

Meine Einsicht kam, als ich abschätzte, wie viel Prozent der griechischen Wörter ich mithilfe von Eselsbrücken, wie viel Prozent ich auditiv und wie viel Prozent ich mittels bildhafter Vorstellung des lateinischen Schriftbildes gelernt hatte. Dabei fiel mir auf, dass der Prozentsatz für die Speicherung mithilfe des Schriftbildes verschwindend klein war. Dies fand ich eigenartig, zumal ich ein visueller Typ bin und mir bei anderen Fremdsprachen oft das Bild des geschriebenen Wortes einpräge.

Ich realisierte, dass ich gegen diese Hilfestellung irgendwelche innere Vorbehalte gehabt haben musste. Wohl deshalb war es mir gar nicht erst in den Sinn gekommen, mir die Wörter häufiger anhand des lateinischen Schriftbildes einzuprägen.

Warum war das so? Nahm ich die lateinische Umschrift nicht ganz ernst? War es ein unbewusster Stolz, der mich daran hinderte, oder wollte ich einfach zu viel aufs Mal? Wie auch immer: In Zukunft werde ich ganz bewusst zweistufig vorgehen. Ich werde beim Memorieren der Wörter und Sätze in einem ersten Schritt auf die lateinische Umschrift setzen und mich in einer späteren Runde mit der griechischen Schrift befassen.

Die Empfehlungen der Autoren Gethin und Gunnemark, die in ihrem Werk *The Art and Science of Learning Languages* ihre eigenen Lernerfahrungen einbringen, gehen ebenfalls in diese Richtung. So raten sie für das Chinesisch- oder Japanischlernen: «*It is probably best to start with the spoken languages.*»[42]

Sie wissen jedoch: Lernen kann individuell gestaltet werden. Idealerweise probieren Sie aus, was in Ihrem Fall am besten gelingt.

Ein passendes Programm entwerfen

Meine Absicht bei der Beschreibung der zwei Versuche war, Sie zu motivieren, auf ähnliche Weise mit Ihrer neuen Sprache zu experimentieren. Nach den ersten Lernversuchen werden Sie bedeutend besser wissen, wo die besonderen Herausforderungen liegen, was einfacher und was mühsamer ist. Es wird sich auch zeigen, welche Materialien Ihnen am besten passen. Ein weiterer Effekt ist, dass die kurz- und längerfristigen Ziele klarer werden.

Sie können nachher auch besser entscheiden, ob Sie gerne Kontakt zu andern Lernenden haben und einen Kurs besuchen wollen (siehe Seite 76) oder ob Sie, gänzlich autonom, erst einmal aufs Selbststudium setzen. Bei Letzterem geht es darum, ein passendes Programm zu entwerfen.

Je nachdem, wie geübt Sie im selbstbestimmten Lernen sind und wie weit Ihre Motivation reicht, kann dieser Plan aus einem inhaltlichen Überblick bestehen oder bloss aus einem Fernziel, das als Leitplanke dient. Ein guter Lernrhythmus ist jedoch in jedem Fall empfehlenswert: Wenn Sie im Voraus festlegen, an welchen Tagen und zu welchen Zeiten im Wochenverlauf Sie sich der Sprache widmen werden, hilft dies enorm, zuverlässig dranzubleiben.

Die generelle Lernstruktur kennen Sie bereits von Kapitel 3 (siehe Seite 30): Für häufigen Hör-Input sorgen, Randzeiten fürs Lesen und Repetieren nutzen, Extrastunden für die Verarbeitung von Anspruchsvollerem vorsehen.

 TIPP *Rechnen Sie bei der Planung mit maximal 40 Lernwochen pro Jahr; die restlichen 12 Wochen sollten Sie sich Ferien vom Lernen gönnen.*

Damit Sie für Ihre neue Sprache ein Programm zusammenstellen können, das Ihren persönlichen Voraussetzungen und Bedürfnissen entspricht, möchte ich Ihnen meine Programm-Entwürfe für das Italienisch und das Griechisch erläutern, wobei ich mit der schwierigen Sprache beginne. Die Beispiele sollen Sie anregen, einen auf Sie zugeschnittenen Plan zu entwickeln.

Mein Griechisch-Lernprogramm
- **Ziel:** Reisewortschatz von rund 200 kurzen Sätzen bis zur Griechenlandreise in sechs Monaten (20 Lernwochen) aktiv beherrschen (mittels lateinischer Umschrift)
- **Etappenziel:** 100 kurze Sätze bis in drei Monaten (10 Lernwochen) aus dem Effeff können
- **Wochenziel:** 10 kurze Sätze spontan abrufen können; zuvor Gelerntes laufend repetieren

Griechisch ist eine schwierige Sprache. Bei solchen Sprachen ist der Aufwand für das Memorieren und Repetieren enorm. Man muss viel auswendig lernen und kann bedeutend weniger Abwechslung ins Lernen bringen als bei einer einfacheren Sprache. Kurze Lernsessionen sowie kleine und klar definierte Lernhäppchen (wie die zehn kurzen Sätze pro Woche) sind deshalb ein Muss. Damit der rote Faden nicht verloren geht, ist es zudem wichtig, sich nach Möglichkeit täglich mit der Sprache zu befassen und auch das Hörmaterial öfter zu nutzen.

Für die Umsetzung sehe ich vor, den Collins-Kurs ins Zentrum zu stellen und ihn nach Bedarf mit anderen Materialien zu ergänzen. Dabei werde ich mir jeweils eine bestimmte Anzahl Wörter vornehmen («Ich will bis Mittwoch schon mal fünf neue Begriffe intus haben») oder die Zeit begrenzen («Abends frage ich mich nochmals während genau zehn Minuten Wörter ab»). Aus Erfahrung weiss ich, dass das Erreichen solch konkreter, kleiner Zwischenziele äusserst motivierend sein kann.

Mein Italienisch-Lernprogramm
- **Fernziel:** Den Grundwortschatz von rund 2000 Wörtern aktiv beherrschen, um anschliessend in Italien einen Feriensprachkurs auf Niveau B1 besuchen zu können
- **Nahziel:** Innert drei Monaten einen nützlichen Wortschatz für die geplante Reise nach Venedig erwerben; dazu so intensiv wie möglich auf das Fernziel hin arbeiten

Eine einfache Sprache erlaubt viel mehr Abwechslung beim Lernen. Dadurch lässt sich auch die Intensität erhöhen. Sofern es die Lebenssituation erlaubt, kann man ab und zu eine intensive Woche einschalten und sich ganz der Sprache widmen – sei es zu Hause oder im Land der Träume. Als Lohn winken spürbare Fortschritte sowie ein gewaltiger Schub an Motivation. Allerdings darf man es nicht übertreiben, sonst passiert das Gegenteil. Mehr als sechs Lernstunden täglich sind auch bei viel inhaltlicher und methodischer Abwechslung nicht empfehlenswert.

Für das Italienischlernen bin ich derart motiviert, dass ich vorläufig keine genauen Vorsätze fassen und keinen Plan erstellen muss. Ich habe Lust, in meiner Freizeit intensiv zu lernen, mir meine eigene italienische Sprachwelt zu schaffen und sämtliche Register (siehe folgende Kapitel) zu ziehen.

Um mir einen Reisewortschatz anzueignen, benötige ich noch ein Bilderwörterbuch. Eine kleine Fibel mit Phrasen für die Reise habe ich bereits. Die nützlichsten Formulierungen möchte ich mir merken. Damit ich es auch wirklich tue, muss ich einen konkreten Vorsatz fassen und mir eine bestimmte Anzahl Sätze pro Woche vornehmen.

Was mich besonders reizt, ist die Herangehensweise mit den *Easy Readers*. Ich will versuchen, die Sprache zunächst so weit wie möglich aus diesen Texten zu lernen. Dazu werde ich die Konjugation der Verben gezielt weiter praktizieren. Der übrigen Grammatik werde ich erst nachgehen, wenn ich es für nötig halte.

Neben dem häufigen Hören und Lesen von *Easy Readers* möchte ich mir auch bald authentisches Material wie die italienischen TV-Nachrichten (mit zugeschalteten Untertiteln) zu Gemüte führen. Ich sehe zudem vor, einzelne Artikel in *Adesso*-Magazinen zu studieren.

Nach drei Monaten – das heisst nach der Venedig-Reise – werde ich meine Vorgehensweise nochmals überdenken. Dann kann ich mir gegebenenfalls zusätzliches Material beschaffen und mir parallel zu den Geschichten auch nützliche Kapitel in einem Lehrbuch vornehmen.

ZUR SELBSTREFLEXION
1. Welches längerfristige Ziel möchte ich erreichen?
2. Bin ich bereit, genügend Material auszuprobieren, um so die persönlichen Favoriten zu eruieren?
3. Entspricht es mir besser, erst einmal ohne genaueren Plan loszulegen und mir eher eine bestimmte Anzahl Lern-, Lese- und Hörstunden pro Woche vorzunehmen?

14. Mit Geschichten einsteigen

Eine Sprache ausserhalb der Sprachregion zu lernen, ist nicht immer einfach. Sollten Sie zu den Glücklichen gehören, die eine Sprache direkt im Zielland lernen konnten, wissen Sie, warum: Motiviertes Lernen und auch die Speicherung hängen eng mit Erlebnissen, Erfahrungen und Entdeckungen und den damit verbundenen Gefühlen zusammen.

Zwar lassen sich in einem Lehrbuch oder in einem Kurs ebenfalls Entdeckungen machen, doch das Erleben und die Gefühle sind weit weniger stark als beim Lernen im natürlichen Sprachumfeld.

Bedeutend wirkungsvoller als Lehrbücher sind in dieser Beziehung Geschichten. Wenn Sie anstelle von Lehrbüchern Geschichten in den Mittelpunkt stellen, kann es Sie packen: Sie identifizieren sich beim Hören und Lesen mit den Figuren und erleben das Geschehen mit. Dies erleichtert den Einstieg in eine Sprache enorm und macht auch mehr Spass.

Am besten eignet sich der geschichtenbasierte Ansatz[46] für den Einstieg in eine einfache Sprache, also in eine mit hohem Ähnlichkeitsgrad zu anderen Sprachen, die Sie bereits gut beherrschen. Sollten Sie sich dazu noch die Mühe machen, die Geschichten oder ausgewählte Teile daraus in- und auswendig zu lernen, können Sie in kürzester Zeit die grössten Fortschritte erzielen.

Geschichten ins Zentrum stellen

Der geschichtenbasierte Ansatz ist eine Alternative zum formalen Lehrbuchlernen. Während bei Letzterem Kurs und Lehrbuch im Zentrum stehen (beziehungsweise mehrere Lehrbücher bei autonomer Herangehensweise, siehe Seite 21) und zur Ergänzung Geschichten und andere Materialien beigezogen werden, ist es beim geschichtenbasierten Ansatz umgekehrt: Im Mittelpunkt stehen passende Geschichten, während Lehrbücher und übriges Material als Ergänzung dienen.

Wenn Sie eher zum analogen Lernstil (siehe Seite 176) neigen und sich an eine nicht allzu schwierige Sprache wagen, sollten Sie den geschichtenbasierten Ansatz unbedingt ausprobieren!

Die Vorteile des geschichtenbasierten Ansatzes
Im Vergleich mit dem herkömmlichen, formalen Vorgehen mittels Lehrbuch als Hauptlehrmittel spricht vieles für den geschichtenbasierten Ansatz. So können Geschichten zum Beispiel Folgendes bewirken:
- Sie gewähren einen rascheren und bedeutend attraktiveren Einstieg in die neue Sprache.
- Sie sprechen Gefühle und persönliche Erfahrungen stärker an.
- Sie bieten von Anfang an ein breiteres Vokabular.
- Sie regen dazu an, die Bedeutung von Wörtern und Sätzen zunächst zu erraten.
- Sie zeigen die Grammatik in sinnvollen Zusammenhängen.
- Sie bilden einen Bezugsrahmen, der bewirkt, dass man sich Wörter, Wendungen und grammatische Formen besser merken, sie nachhaltiger speichern und leichter abrufen kann.

Geschichten sind wie die tragenden Strukturen in einem Gebäude: Sie stabilisieren und geben Halt. Die Wörter, Sätze und grammatischen Eigenheiten sind stets in plausible Situationen eingebettet und somit gut erinnerbar vernetzt.

Was macht eine gute Geschichte aus?
Eine gute Geschichte regt die Fantasie an und weckt Gefühle. Sie schafft dies, weil sie oft etwas Ungereimtes, ein Problem oder ein Geheimnis birgt, das nach einer Lösung oder Erklärung verlangt.

Gute Geschichten brauchen nicht zwingend lang zu sein. Der Schriftsteller Ernest Hemingway soll einst in einer Stammtischrunde behauptet haben, er könne mit sechs Begriffen einen Roman schreiben, und kritzelte folgende Wörter auf den Tisch: *For sale: baby shoes, never used.*

Geschichten wecken unsere Einbildungskraft; wir schmücken sie in unserer Fantasie automatisch aus und bringen eigene Erfahrungen und Assoziationen ins Spiel. Dadurch bilden sich im Hirn Vernetzungen; wir können uns die Szenen besser merken und uns auch länger daran erinnern – und damit auch an die verwendeten Wörter und Sätze.

Wie und was sich aus Geschichten lernen lässt
Wie gesagt, der geschichtenbasierte Ansatz ist für einfach zu lernende Sprachen gedacht. Je höher der Ähnlichkeitsgrad, desto besser.

Wie kann man nun aus den Geschichten lernen? Die Schwerpunkte im Lernprozess sind ähnlich wie bei andern Vorgehensweisen. Das Ganze ist jedoch stärker vernetzt durch die Zusammenhänge der Geschichte. In Kürze:

- **Hören und lesen.** Hören und lesen Sie die Geschichte Track für Track, Kapitel für Kapitel – mehrmals.
- **Verstehen.** Versuchen Sie, aus dem Zusammenhang der Geschichte und der Sätze möglichst viel zu verstehen. Sehen Sie anschliessend die Wörter nach, um die Bedeutung zu verifizieren.
- **Aussprache imitieren.** Üben Sie mithilfe der Geschichte Artikulation und Betonung, lesen Sie die Geschichte öfter laut (siehe Seite 155).
- **Wörter und Wendungen lernen.** Lernen Sie diese gleich mit den Sätzen. Memorieren Sie schwierige Wörter extra (siehe Seite 162).
- **Grammatik üben.** Schlagen Sie das Wichtigste gleich nach und üben Sie es. Nehmen Sie weniger Wichtiges vorerst passiv zur Kenntnis.
- **Memorieren und Reproduzieren.** Lernen Sie die ganze Geschichte oder nützliche Teile davon auswendig, wie wenn Sie für eine Theatervorstellung proben würden.

Auf die Besonderheiten beim Verstehen, beim Memorieren und Reproduzieren sowie beim Grammatiküben werde ich gleich eingehen. Zunächst aber noch ein entscheidender Punkt: die richtigen Geschichten finden.

Auf passende Geschichten setzen

Mittels Geschichten zu lernen ist vergnüglich, doch es funktioniert nur, wenn Sie sich durch die Texte angesprochen fühlen. Deshalb lege ich Ihnen ans Herz, wählerisch zu sein. Bleiben Sie dran, bis Sie Ihre persönlichen Favoriten gefunden haben!

Es gibt Sprachverlage, die vereinfachte literarische Werke anbieten. Meistens sind jedoch Lernkrimis oder andere zeitgemässe Geschichten amüsanter. Aber auch diese sind Geschmackssache. Von den fünf Geschichten auf Niveau A1, die der italienische Verlag Alma Edizioni anbietet, gefiel mir zum Beispiel die bereits erwähnte Geschichte *Pasta per due* besonders gut. Zwei weitere auf 500 Wörtern basierende Geschichten sprachen mich ebenfalls an. Die restlichen beiden Storys behagten mir weniger. Dies spielt aber keine Rolle, denn als Nächstes sind so oder so passende Geschichten auf dem 1000-Wort-Niveau (A1/A2) geplant.

Texte der Stufe A1 enthalten oft nur das Präsens. Bei A1/A2 kommt das Perfekt dazu, bei A2 das Imperfekt sowie die erste Zukunftsform.

Während sich *Easy Readers* und andere vereinfachte Texte ab Niveau B1 auch für das Auffrischen und Vertiefen eignen, sind Texte auf A-Niveau für den Einstieg mittels geschichtenbasiertem Ansatz ideal – vorausgesetzt, sie sind auch als Audioversion erhältlich. Denn häufiges Hören, Sie wissen es mittlerweile, ist beim Einstieg ein Muss!

PASSENDE GESCHICHTEN FINDEN

Da es keine einheitliche Bezeichnung für vereinfachte Lektüren gibt, werden Sie auf Amazon kaum fündig werden. In einer Sprachbuchhandlung werden Sie mehr Glück haben. Um sämtliche erhältliche Geschichten zu finden, konsultieren Sie mit Vorteil die Websites der Sprachverlage (siehe auch Seite 23). ∎

Die Geschichte verstehen

Im Folgenden sehen Sie den Einstieg in meine Lieblingsgeschichte *Pasta per due*, die auf 500 Wörtern basiert. Angenommen, Sie haben noch nie Italienisch gelernt, haben aber Kenntnisse in einer anderen lateinischen Sprache: Lesen Sie den Text und versuchen Sie, ihn zu verstehen.

Libero Belmondo è un uomo di 35 anni. Vive a Roma. Da qualche mese Libero accende il computer tutti i giorni e controlla le e-mail.

Minni è una ragazza di 28 anni. Vive a Bangkok. Anche lei da qualche mese accende il computer tutti i giorni e controlla le e-mail.

Libero e Minni sono amici di posta elettronica. Non si conoscono, ma si scrivono molte e-mail in italiano. Lui scrive dall'Italia, lei dalla Thailandia.

«Che fai stasera? Vieni a prendere un caffè a casa mia?»- scrive Libero.

«Ma io abito in Thailandia! Quando arrivo in Italia, il caffè è freddo!»- risponde Minni.

Una mattina, Libero si sveglia e accende il computer... C'È POSTA PER TE! ... e trova un nuovo messaggio della sua amica:

«Ciao Libero. Una bella notizia! Vengo in Italia, finalmente. Parto martedì prossimo alle otto. Arrivo a Roma alle quindici, all'aeroporto Leonardo da Vinci. Un abbraccio. Minni»

Hat Ihnen die Lektüre Spass gemacht? Vermutlich schon, und wahrscheinlich war es sogar ein Erfolgserlebnis. Dank Schulfranzösisch oder Kenntnis einer anderen lateinischen Sprache lässt sich der Text erstaunlich gut verstehen, selbst wenn Sie nie Italienisch gelernt haben. Beim Lesen sind Ihnen vermutlich aber auch die Wissenslücken aufgefallen. Neben unbekannten Wörtern sind dies insbesondere die Verben und deren Konjugation.

So fahren Sie fort
Lesen Sie nun den Text ein zweites Mal und versuchen Sie, ihn noch besser zu verstehen.

Bevor Sie im Wörterbuch nachsehen, probieren Sie, auf die Bedeutung unverständlicher Wörter zu kommen. Sei es aus dem Zusammenhang heraus, sei es, indem Sie den Wortstamm mit dem in einer anderen Sprache vergleichen. Letzteres ist besonders nützlich, denn wenn Sie auf Ähnlichkeiten stossen, verringert sich der Aufwand fürs Memorieren und die längerfristige Speicherung enorm.

Texte auf diese Weise zu erschliessen ist Übungssache. Mit fortschreitender Lektüre wird es immer besser gehen. Verifizieren Sie am Ende in jedem Fall die Bedeutung der Wörter mittels Wörterbuch. So gehen Sie auf Nummer sicher und vermeiden mögliche falsche Freunde.

Falsche Freunde erkennen

Falsche Freunde sind Wörter mit demselben Wortstamm, aber mit unterschiedlicher Bedeutung in den verschiedenen Sprachen. Ein typischer Fall ist das englische *sensible,* das nicht dem deutschen «sensibel» entspricht, sondern vielmehr «vernünftig» bedeutet. Auch das englische *student* kann für Verwirrung sorgen, denn bereits ältere Schüler sind in England *students.* Enttäuscht darf man auch nicht sein, wenn man in einem *Café* in Paris keine Auswahl an feinen Kuchen findet. Diese gibt es nämlich vielmehr in einem *Salon de Thé.*

FÜR ÄLTERE SEMESTER

Wenn das Memorieren neuer Wörter Mühe macht, lohnt es sich doppelt, nach Ähnlichkeiten in einer andern Sprache zu suchen. Forschungsbefunde zeigen, dass Ältere umso bessere Gedächtnisleistungen zeigen, je mehr sie auf bereits vorhandenes Wissen zurückgreifen können.[47] Wenn Sie sich dazu noch mit einer anderen Person zusammentun, ist die Suche oft ergiebiger. Hinzu kommt, dass Sie für die *Toughies* – die zähen Brocken – auch gleich noch gemeinsam Eselsbrücken ausdenken können (siehe Seite 162).

Grammatik: Das Nötigste gleich in die Tat umsetzen

Beim geschichtenbasierten Ansatz ist man nicht nur von Anfang an mit einem grösseren Wortschatz konfrontiert; auch die Grammatik kommt im Kontext der Geschichte in geballter Ladung daher.[48] So lassen sich im

obigen Textauszug neben den Verben und deren Konjugation in der Gegenwartsform auch noch Zahlen und Uhrzeit, Artikel, Verneinung, Mehrzahlbildung, Präpositionen und Pronomen finden. Die Frage stellt sich nun, welche Dinge in Sachen Grammatik Sie zuerst lernen sollen.

Werden Sie beim Nötigsten gleich aktiv; alles andere kann warten. Widmen Sie sich als Erstes der Konjugation der Verben, denn dies ist mit Abstand die mächtigste Grammatikhürde. Zahlen und Uhrzeit bald zu kennen, macht ebenfalls Sinn.

Auf die übrigen Grammatikelemente werden Sie auch später in der Geschichte wieder treffen. Manches davon ist Lexiko-Grammatik (siehe Seite 48) und kann gleich mit dem Text mitgelernt werden. Bei schwierigeren Dingen wie Präpositionen und Pronomen lohnt es sich, sie erst einmal passiv zur Kenntnis zu nehmen und damit vertrauter zu werden. Sie merken selbst, wann die Zeit reif ist, sie aktiv anzugehen. Dann ist es noch früh genug, die entsprechenden Regeln in einem Lehr- oder Grammatikbuch nachzuschlagen und sie zu üben. Nutzen Sie dazu die in der Geschichte verwendeten Sätze und bilden Sie zusätzlich eigene mit persönlichem Bezug. Schreiben Sie sie auf Kärtchen und prägen Sie sich die Phrasen ein. Doch dies muss nicht gleich in den ersten Wochen geschehen.

Konjugieren üben
Mit welchen Methoden auch immer wir an eine Sprache herangehen: Ums Konjugieren der Verben kommen wir nicht herum. Selbst wenn wir als Erwachsene im Sprachgebiet leben würden, müssten wir uns das Konjugieren explizit aneignen. Bloss kleinen Kindern gelingt es, Grammatik in einer natürlichen Sprachumgebung intuitiv zu erfassen und sie sich unbewusst anzueignen.[49]

Beim Üben der Konjugation geht es darum, die Flexion der Verben bis zum Automatismus einzuschleifen. Sie sollen nicht mehr überlegen müssen, wie die Endung in der 2. Person Mehrzahl lautet oder ob Ihr Gegenüber von sich oder von einer dritten Person spricht.

Machen Sie sich bald und mit einer positiven und spielerischen Einstellung dahinter. Zum Einüben bietet sich wiederum die Geschichte an. Je besser Sie diese bereits kennen, desto leichter wird Ihnen das Üben fallen.

Am besten gehen Sie in den drei Schritten vor, die notwendig sind, um die Kenntnisse einzuschleifen:

1. **Auswendiglernen.** Zum Auswendiglernen benötigen Sie Konjugationstabellen. Am besten stellen Sie die Konjugation der wichtigsten regelmässigen und unregelmässigen Verben auf einem A4-Blatt zusammen. So haben Sie den Überblick und können auch noch von Ihrem räumlichen Gedächtnis profitieren. Machen Sie mehrere Kopien, sodass Sie sie überall und jederzeit zur Hand haben. Bei mir hängt zum Beispiel ein Blatt auf der Toilette und eins in der Küche. Dazu führe ich eine Kopie in der Handtasche mit, und eine andere liegt auf dem Schreibtisch.
2. **Repetieren und abfragen.** Damit die Wiederholung kurzweiliger ist, können Sie sich elektronisch abfragen lassen (siehe Kasten) oder die Würfelmethode nutzen.[50] Für Letztere benötigen Sie zwei grosse Würfel. Auf den einen kommen Kleber mit den sechs Personalpronomen (ich, du, er/sie/es, wir, ihr, sie), auf den anderen schon mal die sechs wichtigsten Verben. Dann kann es losgehen. In einem späteren Stadium können Sie einen dritten Würfel mit sechs unterschiedlichen Zeitstufen dazunehmen.
3. **Einüben und automatisieren.** Nutzen Sie Leer- und Randzeiten, um sobald als möglich Sätze zu bilden und kleine Episoden zu erzählen. Am wirkungsvollsten sind Sätze im Zusammenhang mit der Geschichte. Denken Sie sich dazu noch weitere aus dem eigenen Alltag aus. Wählen Sie auch als Personen solche, die Sie kennen – sei es im wirklichen Leben oder aus der Geschichte: Für die Ich-Form erzählen Sie von sich, für die Du-Form sprechen Sie zum Beispiel mit einer Figur aus der Geschichte. Die obige Geschichte nutzte ich beispielsweise für das Einüben der 3. Person Mehrzahl: Libero besitzt zwei Katzen, und es machte Spass, zu phantasieren und zu erzählen, was diese Katzen alles anstellen.

Sicherheit im Konjugieren ist das Fundament der Sprachbeherrschung; dies gilt in besonderem Mass für die am häufigsten verwendeten Zeitformen. Hier ist Ihr Fleiss gefragt, denn die Konjugation der wichtigsten Verben sollte wirklich sitzen. Nutzen Sie zum Üben Sätze und kleine Szenen aus der Geschichte, wenden Sie die Würfelmethode an oder fragen Sie sich online ab (siehe Kasten nebenan). So erleichtern Sie sich den Automatisierungsprozess enorm. Und wenn Sie am Ende das Ganze wirklich intus haben, ist es ein wunderbares Gefühl!

> **ONLINE-KONJUGATIONSTRAINER**
> Suchen Sie unter dem Stichwort «konjugationstrainer» eine App oder eine Desktopversion für Ihre Sprache. Für Englisch, Französisch, Spanisch, Italienisch, Portugiesisch und Deutsch werden Sie zum Beispiel unter www.verben.info oder www.verbs-online.com fündig.

ZUR SELBSTREFLEXION
1. Kann ich mir vorstellen, warum eine Geschichte nicht nur die Aneignung des Wortschatzes, sondern auch das Erlernen und Üben der Grammatik erleichtert?
2. Wie – ausser online und mit der Würfelmethode – könnte ich die Konjugation sonst noch abfragen?
3. Kenne ich das herrliche Gefühl, wenn ich etwas zu 100 Prozent sicher beherrsche?

Memorieren und reproduzieren

Zugegeben, ganze Geschichten oder auch bloss die wichtigsten Textstellen in- und auswendig zu lernen, ist nicht für jedermann die Methode der Wahl. Doch wirkungsvoll ist sie allemal! Einer, der sich auf diese Weise weit über ein Dutzend Sprachen aneignete, war Heinrich Schliemann, der Entdecker von Troja. Der 1822 Geborene schreibt in seiner Autobiografie:[51]

Mein Gedächtniss war, da ich es seit der Kindheit gar nicht geübt hatte, schwach, doch benutzte ich jeden Augenblick und stahl sogar Zeit zum Lernen. (...) Bei allen meinen Botengängen trug ich, selbst wenn es regnete, ein Buch in der Hand, aus dem ich etwas auswendig lernte; auf dem Postamte wartete ich nie, ohne zu lesen. So stärkte ich allmählich mein Gedächtniss und konnte schon nach drei Monaten meinen Lehrern, Mr. Taylor und Mr. Thompson, mit Leichtigkeit alle Tage in jeder Unterrichtsstunde zwanzig gedruckte Seiten englischer Prosa wörtlich hersagen, wenn ich dieselben vorher dreimal aufmerksam durchgelesen hatte. Auf diese Weise lernte ich den ganzen *Vicar of Wakefield* von

Goldsmith und Walter Scott's *Ivanhoe* auswendig. Vor übergrosser Aufregung schlief ich nur wenig und brachte alle meine wachen Stunden der Nacht damit zu, das am Abend Gelesene noch einmal in Gedanken zu wiederholen. Da das Gedächtniss bei Nacht viel concentrirter ist, als bei Tage, fand ich auch diese nächtlichen Wiederholungen von grösstem Nutzen; ich empfehle dies Verfahren Jedermann. So gelang es mir, in [der] Zeit von einem halben Jahre mir eine gründliche Kenntniss der englischen Sprache anzueignen.

Dreimal aufmerksam durchlesen: Das reicht für Normalbegabte leider nicht, um sich 20 Seiten Prosa anzueignen. Anstatt sich also gleich 20 Seiten vorzunehmen, können Sie den Versuch auch schon mal mit einer halben Seite Text aus einem *Easy Reader* wagen.

Denn ganz klar, Auswendiglernen bedeutet geistige Anstrengung. Aus diesem Grund ist es in der westlichen Lernkultur auch nicht mehr populär.[52] Wenn Sie jedoch nach fleissigem Hören und Lesen einen Text intus haben und ihn locker nacherzählen oder gar wie im Theater wörtlich reproduzieren können, merken Sie, was das Memorieren einer Geschichte oder von Teilen daraus alles bringen kann: Sie lernen nicht nur, wie etwas in der Zielsprache ausgedrückt wird, welche Redewendungen verwendet werden und welches die korrekten Satzstellungen sind. Sie entwickeln auch ein gutes Sprachgefühl und erfassen zudem die Denkweise, die in der Sprache zum Ausdruck kommt. Durch das Memorieren schärfen Sie ferner die Aufmerksamkeit für Details und grammatische Formen.[53] Dazu kommt, dass es weniger Interferenzen mit ähnlichen Sprachen gibt, denn Sie schaffen starke Gedächtnisspuren. Dies besonders dann, wenn die Geschichten auch auditiv gespeichert sind und Sie sie innerlich hören können.

Machen Sie sich also frohgemut ans Memorieren. Ein Tipp der Leserin Christine W. kann Ihnen dabei behilflich sein:[54]

Mein Tipp betrifft die Haltung zu mir selbst: Ich schaue mir zu, mit Wohlwollen und Neugier. Ich will wissen, wie es diese Christine diesmal wohl schafft, die neuen, komplizierten Dinge zu lernen. Das befreit erstens vom verkrampften «Ich muss doch endlich…», und zweitens mobilisiert es wie von selbst die Erinnerung an alle nützlichen Tricks, die man je nach Situation anwenden kann. Und drittens bringt diese wohlwollende, neugierige Haltung auch die nötige Gelassenheit, wenn es dann doch nicht klappt. Denn es hält die Freude aufrecht.

Gehen Sie das Memorieren mit einer solchen Haltung an. Vielleicht notieren Sie als Gedächtnishilfe die Satzanfänge oder ein Stichwort pro Satz. Probieren Sie aus, wie es am besten geht, und lassen Sie sich von der Wirkung überraschen.

Zwei Methoden, die Ihnen das Auswendiglernen erleichtern können, will Ihnen anhand der Textprobe aus *Pasta per due* (Seite 145) erläutern.

Das Handlungsgerüst visualisieren
Sich den Handlungsablauf vorzustellen, hilft nicht nur, die Geschichte in grossen Zügen nachzuerzählen (siehe auch Seite 117), sondern auch, sie wörtlich auswendig zu lernen. Stellen Sie sich zunächst vor, wie die Geschichte beginnt: Libero und Minni werden zuerst mit Alter und Wohnort kurz beschrieben. Beide gehen täglich an den Computer, um die Mails zu checken, denn sie sind E-Mail-Freunde. An einem Abend fragt Libero Minni, ob sie zu ihm einen Kaffee trinken komme ... und so fort.

Damit Sie sich die Verben gut merken können, lässt sich die Geschichte fürs Erste auch entlang einer Liste mit den vorkommenden Verben erzählen: *è – vive – accende – controlla – sono – conoscono – scrivono etc.* Diese Liste können Sie auch brauchen, um die Konjugation zu üben.

Die Treppenmethode nutzen
Unterteilen Sie den Text in Absätze von etwa fünf bis sieben Sätzen und memorieren Sie absatzweise: Nehmen Sie für jeden Absatz immer wieder Anlauf beim ersten Satz und hängen Sie zuletzt noch einen Satz dran, bis Sie den ganzen Absatz auswendig können. Das heisst, Sie memorieren:

Satz 1
Satz 1 + Satz 2
Satz 1 + Satz 2 + Satz 3
Satz 1 + Satz 2 + Satz 3 + Satz 4 ... etc.

Reproduzieren Sie die Sätze spielerisch, mal laut, mal leise, mal dramatisch, mal eintönig. Rufen Sie sich das Gelernte immer wieder in Erinnerung und frönen Sie der Sofa-Methode (siehe Seite 66).

Sie werden sehen: Wenn Sie sich Ihre Lieblingsgeschichte vornehmen, geht es ganz flott voran. Am Ende soll der Text derart sitzen, dass Sie ihn wie aus der Pistole geschossen hersagen können.

Abtippen statt Auswendiglernen

Eine Alternative zum Auswendiglernen ist das Abschreiben. Wenn Sie sich in der Zielsprache auch schriftlich ausdrücken möchten, können Sie das tun, was manche Autoren zum Üben ihrer Schreibkunst praktizieren: Sie tippen Texte ihrer literarischen Vorbilder ab. Dies kennt man zum Beispiel von Thomas Hürlimann.

Der polnisch-österreichische Schriftsteller Radek Knapp lernte auf diese Weise besser Deutsch, die Sprache, in der er heute schreibt. In einem Interview mit der NZZ schilderte er, wie er als 12-Jähriger nach Österreich kam und ausser einigen Sätzen, die in den populären polnischen Kriegsfilmserien immer wieder vorkamen («Wo ist Sturmbannführer Steppke?»), kein Wort Deutsch verstand. Später erwachte dann seine Liebe zur Literatur, und er fühlte sich insbesondere von Hermann Hesse und seiner Lebensphilosophie angesprochen. Vor allem Hesses Werk «Demian» wurde zu seiner Lieblingslektüre. Als zum Schreiben hingezogener Mensch tat er deshalb das Naheliegende: «Ich habe den ganzen ‹Demian› abgeschrieben, Wort für Wort. Das hat mich zwar geschädigt für die nächsten Jahre, aber immerhin habe ich danach richtig Deutsch gekonnt.»

ZUR SELBSTREFLEXION
1. Kenne ich die Erfahrung, dass Auswendiglernen Übungssache ist?
2. Ist mir die Treppenmethode einen Versuch wert?
3. Wie könnte ich von den memorierten Texten eine Brücke zu realen Kommunikationssituationen schlagen (siehe Seite 41)?

15. Hören und imitieren

Ob Sie eine einfache Sprache lernen und mit Geschichten einsteigen oder ob Sie sich an eine schwierigere Sprache wagen und den Weg über Lehrbücher nehmen – eine möglichst gute Aussprache ist in jedem Fall wünschenswert. Durch Hören und Imitieren lässt sich dies erreichen.

Sie benötigen dazu passendes Audiomaterial auf Ihrem Abspielgerät, Playlists für Wiederholungen sowie die Recorderfunktion des Handys, um Ihren Output aufzuzeichnen. Damit können Sie sich auch in Eigenregie eine gute Aussprache aneignen; der Einstieg in eine neue Sprache ist die beste Gelegenheit dafür.

Wer nicht gleich von Anfang an auf eine gute Aussprache achtet, gewöhnt sich rasch einen schlechten Tonfall an. Die meisten Menschen haben einen natürlichen Hang, die Wörter und Sätze wie in der eigenen Muttersprache zu betonen. Diese Neigung will überwunden sein. Wenn Ihnen dies gelingt, werden Ihre Äusserungen wie gutes Englisch oder Spanisch klingen.

Der Schlüssel zu einer guten Aussprache sind aufmerksames Hören und die Lust am Imitieren. Ich erinnere mich, wie ich einmal über den schönen britischen Akzent einer Mitarbeiterin staunte, denn ich wusste, dass sie nie für längere Zeit in England gewesen war. Es stellte sich heraus, dass ihre englische Lehrerin grossen Wert auf das Imitieren gelegt hatte. So hatte sie gelernt, beim Sprechen stets die Lehrerin nachzuahmen und dabei sogar spielerisch zu übertreiben.

Die Sprechstimmen des Audiomaterials lassen sich ebenso imitieren. Doch zunächst wollen die Ohren auf das richtige Hören eingestellt sein.

Worauf hören?

Es macht einen grossen Unterschied, ob Sie die Ohren für besseres Hörverständnis spitzen oder ob Sie auf die Aussprache fokussieren, um diese anschliessend nachzuahmen.

Im ersten Fall sind Sie vor allem geistig gefordert, während im zweiten Fall auch die Sinneserfahrung wichtig ist. Es geht darum, den Klang der Stimme, die Sprachmelodie sowie die Betonung der Sätze und der Wörter exakt wahrzunehmen. Der akustische Eindruck soll ohne Verfälschung gespeichert und dann eins zu eins reproduziert werden können.

Worauf es für eine möglichst gute Aussprache ankommt
Vielleicht erinnern Sie sich, wie Sie im Englischunterricht vergeblich versuchten, das ‚th' in *think* und *bath*, aber auch in *then* und *with* korrekt auszusprechen. Oder Sie wissen, dass Japaner Mühe haben, das *l* vom *r* zu unterscheiden. Laute, die wir in der Kindheit nicht mitbekommen, können wir im Erwachsenenalter oft nur mit viel Übung oder gar nicht richtig hören.[55]

Die gute Botschaft ist, dass die richtige Aussprache solcher Laute gar keine so grosse Rolle spielt. Viel wichtiger ist die korrekte Betonung der ganzen Wörter sowie die Sprachmelodie.

Im Deutschen wird zum Beispiel oft die erste Silbe betont, während es im Englischen eher die zweite Silbe ist:

un̲glücklich   un*for*tunate

Achten Sie neben der richtigen Betonung der Silben auch auf stumme Buchstaben. So wird zum Beispiel im Englischen ein p vor einem s nicht ausgesprochen und beim Psychologen, *psychologist,* fällt das p weg.

Ein weiterer Punkt ist die Intonation von Satzteilen und ganzen Sätzen. Achten Sie beim Hören darauf.

Und vergessen Sie vor lauter Auf-die-Betonung-Achten den Hörgenuss nicht! Geniessen Sie den Klang der Stimme und der Sprache und probieren Sie, die Sprecherin oder den Sprecher möglichst gut nachzuahmen.

ERFINDEN SIE IHRE EIGENE LAUTSPRACHE
Seit es so einfach ist, die Sprache jederzeit und überall zu hören, ist es nicht mehr nötig, die Lautsprache zu lernen. Es reicht, sich in Zweifelsfällen mit einer selbst erfundenen Lautsprache an die korrekte Aussprache und Betonung zu erinnern. Zum Beispiel:
unfortunate [änfortschn't]
psychologist [seiggholotschist]

Den Sprecher, die Sprecherin imitieren[56]

Entscheidend ist, dass Sie das Gehörte nicht nur imitieren, sondern gleich ganz in die Rolle der Sprecherin oder des Sprechers schlüpfen und versuchen, sie oder ihn möglichst gut nachzuahmen. Das heisst, Sie spielen fortan die Engländerin oder den Italiener. Sie versetzen sich in die Gefühlslage dieser Person, übernehmen wenn möglich auch die Mimik und Gestik und sprechen ohne Umschweife in deren Sprache.

So können Sie vorgehen
Benützen Sie niveaugerechtes Audiomaterial, von dem Sie auch über eine gedruckte Version verfügen.

- **Hören.** Hören Sie sich einen Track mehrmals an, mit und ohne Blick auf die Printversion. Halten Sie bewusst die Ohren offen, achten Sie auf die Artikulation der Laute, auf die Betonung der Wörter und auf die Intonation der Sätze. Hören Sie die Passage so oft, bis Ihnen das Ganze vertraut vorkommt und es innerlich nachzuklingen beginnt.
- **Einzelne Wörter nachsprechen.** Konzentrieren Sie sich nun fürs Erste auf einzelne Wörter und Satzfragmente. Achten Sie darauf, Artikulation und Betonung präzise zu erfassen, und versuchen Sie, die Wörter laut und deutlich nachzusprechen. Üben und vergleichen Sie, bis Sie mit dem Resultat zufrieden sind. Versuchen Sie, sich in freien Minuten die Stimme mit den korrekt ausgesprochenen Wörtern in Erinnerung zu rufen und sie innerlich zu hören.
- **Lesen und imitieren.** Üben Sie nun, Abschnitt für Abschnitt laut und flüssig vorzulesen und dabei den Sprecher oder die Sprecherin zu imitieren. Übernehmen Sie die Rolle, sprechen Sie mal laut, mal leise, mal schnell und dann wieder gedehnt, übertreiben und spielen Sie damit.
- **Aufzeichnen und vergleichen.** Nutzen Sie nun die Recorderfunktion Ihres Handys und zeichnen Sie Ihren Output auf. Vergleichen Sie das Resultat mit der Aussprache der Vorlage. Korrigieren Sie, falls nötig.

Mithilfe dieser Vorgehensweise sollten Sie eine hinreichend gute Aussprache schaffen. Haben Sie höhere Ansprüche, ist ein Feedback von Muttersprachlern zu empfehlen (siehe Seite 92).

FÜR ÄLTERE SEMESTER
Mit dem Älterwerden wird es schwieriger, ungewohnte Laute hören zu können. Sie wissen nun aber, dass es für eine gute Aussprache mehr auf die Betonung der richtigen Silben als auf einzelne Laute ankommt. Achten Sie deshalb umso mehr auf korrekte Betonung.

Schlechte Aussprache hinterfragen
Wie steht es mit der Aussprache in den Fremdsprachen, die Sie bereits beherrschen? Sind Sie zufrieden damit, oder finden Sie, Sie könnten es diesmal mit der neuen Sprache besser machen?

Gehen wir kurz möglichen Gründen für eine unbefriedigende Aussprache nach. Als Beispiel möchte ich Ihnen erläutern, warum ich im Französischen noch immer eine schlechte Aussprache habe – und warum es beim Italienischlernen besser wird.

Ich habe in der Schule Französisch gelernt und hatte damals Hemmungen, den Lehrer nachzuahmen. Es gab vereinzelte Klassenkameraden, die es taten, doch ich empfand dies als Selbstinszenierung und als Bluff. Sogar heute muss ich diese negative Sichtweise noch ab und zu überwinden, wenn ich versuche, Französisch wie eine Französin zu sprechen.

Der Hauptgrund, warum ich mich bis anhin zu wenig um die Verbesserung des Akzents bemüht habe, ist jedoch ein anderer: Das Hinüberbringen der Botschaft war mir stets das Wichtigste. Deshalb nutzte ich die Zeit lieber für die Vertiefung des Wortschatzes, als mich um eine bessere Aussprache zu kümmern.

Dies soll nun beim Italienischlernen anders werden – und es wird auch gelingen. Warum? Erstens kann ich für genügend Hör-Input sorgen, was früher kaum möglich war. Zweitens richte ich diesmal beim Hören die Aufmerksamkeit nicht nur auf den Inhalt, sondern ganz bewusst auch auf die Aussprache. Ich versuche, diese gleich von Anfang an so gut wie möglich zu imitieren. Dies kostet keine zusätzliche Zeit, denn das Imitieren hilft gleichzeitig auch beim Memorieren. Das Einzige, was ich dabei überwinden muss, ist die Bequemlichkeit: Es wäre komfortabler, nur halb hinzuhören und die Wörter wie von der Muttersprache her gewohnt zu betonen. Deshalb kommt als Drittes noch mein Wille dazu: Ich will! Ich will gleich von Anfang an auf eine möglichst gute Aussprache achten, denn so wunderbar italienisch wie Einheimische zu klingen, macht ganz einfach Spass!

ZUR SELBSTREFLEXION
1. Kann ich derart auf meine eigene Stimme hören, dass ich auch ohne Tonaufzeichnung merke, wenn ich etwas falsch betone?
2. Wen könnte ich zu imitieren versuchen?
3. Was hält mich in meiner Situation davon ab, auf eine gute Aussprache zu achten?

16. Wörter memorieren

Welche Ziele auch immer Sie beim Lernen vor Augen haben: Früher oder später wollen Sie die Sprache nutzen, und deshalb ist der Wortschatz wichtig. Ohne Grammatikkenntnisse kann man sich verständigen, doch ohne einen Minimalwortschatz geht es nicht.

Nun gibt es wie erwähnt einfachere und schwierigere Sprachen, und in jeder Sprache gibt es auch einfachere und schwierigere Wörter. Die Ersteren lassen sich leichter merken, während Letztere immer wieder entwischen und man sie sich nur mithilfe von Eselsbrücken einprägen kann.

Mit «Wörtern» sind im Übrigen nicht nur einzelne Begriffe gemeint. Auch Artikel, Präpositionen oder ganze Satzfragmente, Wendungen und Sätze können mitgemeint sein, denn ein Wort kommt selten allein.

Sie sollen in diesem Kapitel zusätzliches Know-how über das Wörterlernen, das Memorieren und das Festigen gewinnen.[57] Ich möchte Sie ermuntern, mit den Ideen und Methoden zu spielen, sie anzuwenden und Ihren Schatz derart anzuhäufen, dass Sie darin planschen können, wie es Onkel Dagobert mit seinen Münzen tut.

Grundsätzliches

Wahrscheinlich haben Sie auch schon erfahren, wie viel spannender eine Reise ist, wenn man nur schon ein paar Brocken in der Landessprache spricht. Wie viel es zu lachen gibt und welche Überraschungen man erleben kann. Meine Nichte zum Beispiel trampte nach nur vier Wochen Spanischunterricht durch Südamerika. Auf dem Busbahnhof einer peruanischen Stadt bot sich sogleich ein Taxifahrer an, sie ins Hotel zu bringen. Sie suchte jedoch nicht nach einem Hotel, sondern nach einem Platz für ihr Zelt. Spontan fielen ihr die Wörter *plaza* und *tienda* für «Platz» und «Zelt» ein; der Fahrer nickte und fuhr los. Eigenartigerweise ging es in Richtung Stadtzentrum, doch beim Nachfragen nach *plaza* und *tienda* nickte der Fahrer erneut. Auf dem Hauptplatz war die Sache dann klar, denn da stand – ein grosses Zirkuszelt.

Mit den wichtigsten Wörtern und Sätzen beginnen

Welches sind die wichtigsten Wörter und Sätze? Wenn Sie vorhaben, bald in die Sprachregion zu reisen, beschaffen Sie sich am besten ein kleines Reisevokabular. In einem solchen Bändchen finden Sie eine Menge Wörter und Sätze, die Sie unterwegs verwenden können.

Wenn Sie das Niveau A2/B1 anpeilen, orientieren Sie sich am besten am Grundwortschatz (siehe Seite 42). Dieser ist in allen Sprachen ähnlich und umfasst die rund 2000 häufigsten Wörter. Gehen Sie beim Erwerb jedoch gestaffelt vor. Achten Sie zu Beginn auch im Lehrbuch auf diejenigen Wörter, die Sie besonders gut gebrauchen können.

Genauso wie die Motivation auf der Anfängerstufe durch einen Kurzaufenthalt in der Sprachregion beflügelt werden kann, hilft es später, sobald man das Niveau A2 oder B1 erreicht hat, sich mit einem Sprachkurs im Zielland zu belohnen, sofern man die Möglichkeit dazu hat. Im Kapitel 18, «Dranbleiben und sich weiterbringen» (Seite 179) werde ich näher auf Reisen ins Sprachgebiet eingehen. Doch nun zurück zum Wörterlernen.

Unterschiedlich grosse Lernbürden erkennen

Die Anstrengung, die es braucht, um sich ein Wort einzuprägen, wird in der Fachsprache als Lernbürde bezeichnet. Diese kann ganz unterschiedlich gross sein.

Vergleichen wir als Beispiel die Wörter in einem italienischen und in einem griechischen Satz:

Quando	*sente*	*queste*	*parole,*	*lo sposo*	*diventa*	*rosso.*
Als	er hört	diesen	Satz	der Bräutigam	wird	rot

Signomi,	*pou*	*eine*	*to*	*ksenodochio,*	*parakalo?*
Entschuldigung	wo	ist	das	Hotel	bitte

Es leuchtet auf den ersten Blick ein, dass der griechische Satz schwieriger zu lernen ist und deshalb eine sehr viel grössere Lernbürde darstellt als der italienische.

Die Lernbürde hängt stark von den Vorkenntnissen ab. Der Linguist Barry Farber unterscheidet je nach Bürde vier Kategorien von Wörtern:[58]

- *Automatics.* Dies sind Wörter, die sich beiläufig speichern lassen. Hat man sie ein paarmal gehört und gelesen, sind sie im Gedächtnis drin und können auch spontan abgerufen werden.
- *Almosters.* Zu dieser Kategorie gehören diejenigen Wörter, bei denen sich eine Ähnlichkeit zum entsprechenden Begriff in einer bereits bekannten Sprache ausmachen lässt.
- *Toughies.* Damit sind die zäheren Brocken gemeint; es sind Wörter, bei denen sich keine direkte Verwandtschaft finden lässt. Sie lassen sich deshalb weniger gut in die vorhandenen Kenntnisse integrieren und sperren sich zunächst dagegen.
- *Impossibles.* Dies sind die Wörter, die zunächst unlernbar scheinen. Sie wirken völlig fremd und sind äusserst schwierig zu memorieren. *Impossibles* kommen vor allem bei sehr schwierigen Sprachen vor und erfordern den grössten Lerneffort.

Die *Almosters* sind bedeutend einfacher zu lernen als die *Toughies.* Die Mühe, bei neuen Wörtern nach Ähnlichkeiten zu bereits Bekanntem zu suchen, lohnt sich in jedem Fall!

Schwierige Sprachen wie Griechisch, Russisch oder Arabisch enthalten viele *Impossibles*. Weil jedoch mit zunehmenden Kenntnissen auch weitere Wörter derselben Familie (Freund, freundlich, Freundlichkeit, Freundschaft etc.) dazukommen, wird das Wörterlernen auch bei solchen Sprachen mit der Zeit etwas leichter.[59]

Fünf grundlegende Schritte beim Wörterlernen

Ein Wort zu kennen, es zu verstehen, sich daran zu erinnern und es richtig anzuwenden, ist ein gradueller Prozess. Er beruht auf fünf grundlegenden Schritten:[60]

1. **Machen Sie sich mit den Wörtern und Sätzen möglichst gut vertraut.** Häufiges Hören und Lesen des Lernmaterials, Mediennutzung und Gespräche mit Muttersprachlern bewirken, dass Sie mit den Wörtern und Sätzen vertrauter werden. Üben Sie dazu noch die Aussprache (siehe Seite 156), verstärkt sich der Effekt.

   Das Hören, Lesen und Artikulieren regt nicht nur unterschiedliche Sinneskanäle und kleine Muskeln an. Auch die entsprechenden Hirnareale werden aktiviert, und es können sich erste Verknüpfungen bilden.

2. **Finden Sie gleich heraus, was das Wort bedeutet.** Probieren Sie zuerst, die Bedeutung zu erraten. Versuchen Sie, Ähnlichkeiten und Verwandtschaften zu finden und so auf den Sinn des Wortes zu kommen. Für die Speicherung helfen Ähnlichkeiten zur eigenen oder zu bereits bekannten Sprachen enorm; die Integration ins Wissensnetz ist bedeutend einfacher. Schlagen Sie zur Bestätigung stets die Bedeutung eines Wortes noch nach.

3. **Bauen Sie innere Vorstellungen auf.** So können Sie ein Wort innerlich sehen oder hören. Damit verschaffen Sie ihm im Kopf Existenz. Achten Sie dazu beim Hören ganz bewusst auf den Klang des Wortes und auf die Stimme, vollziehen Sie das Gehörte innerlich nach, wie wenn Sie für Ihr Gedächtnis eine Tonaufnahme machen müssten. Verfahren Sie beim Schriftbild ähnlich: Betrachten Sie das Wort so, wie wenn Sie es für Ihr bildhaftes Gedächtnis fotografieren müssten. Sollten diese Massnahmen nicht reichen, helfen zusätzliche Merkhilfen und Eselsbrücken (siehe unten).

4. **Sorgen Sie für eine starke Bindung zwischen dem Wort und seiner Bedeutung.** Hier geht es ums Auswendiglernen und Repetieren. Dies kann mithilfe von zweisprachigen Wörterlisten, Lernkärtchen und elektronischen Vokabeltrainern bewerkstelligt werden (siehe Seite 168).

5. **Vernetzen Sie die Wörter möglichst vielfältig.** Machen Sie Sätze und Satzfamilien mit den Wörtern, um sie besser zu vernetzen (siehe Seite 55). Wenn Sie im Hirn solche Zugänge zu konkreten Situationen schaffen, sorgen Sie für eine gute Abrufbarkeit bei entsprechenden Gelegenheiten.

Bei geringer Lernbürde lassen sich Schritte zusammenfassen oder auch überspringen. Ist hingegen die Lernbürde gross, müssen die Schritte immer und immer wieder durchlaufen werden.

ZUR SELBSTREFLEXION
1. Wie gross ist in meiner Zielsprache der geschätzte Anteil an *Automatics, Almosters, Toughies* und *Impossibles*?
2. Mache ich mich mit den Wörtern gut genug vertraut, bevor ich sie aktiv lerne?
3. Wie bewusst versuche ich, mir vom Klang eines schwierigen Wortes sowie vom Schriftbild eine innere Vorstellung zu schaffen?

Merkhilfen und Eselsbrücken nutzen

Je schwieriger ein Wort zu memorieren ist, desto nützlicher sind zusätzliche Merkhilfen. Es beginnt bereits bei den *Almosters*, wo es um das Hervorheben kleiner Unterschiede oder schwieriger Silben geht. Sie lassen sich zum Beispiel folgendermassen verdeutlichen:
- das Wort übertrieben betonen
- entsprechende Silben farblich markieren
- das Wort schreiben und die kritischen Stellen phantasievoll hervorheben
- sich das Schriftbild derart einprägen, dass sich das Wort in Gedanken vorwärts und rückwärts buchstabieren lässt
- sich das Wort in einem nützlichen Satzzusammenhang oder mit einem Reim merken

Auch *Toughies* lassen sich oft auf diese Weise lernen, besonders dann, wenn sie im Kontext von Geschichten vorkommen. Reicht dies nicht, helfen Eselsbrücken weiter. Bei den *Impossibles* sind solche Merkhilfen für die meisten Lernerinnen und Lerner unumgänglich.

Mit Eselsbrücken Erfolgserlebnisse schaffen
Eselsbrücken können das Erlernen schwieriger Wörter enorm erleichtern – doch noch immer gibt es bei manchen Lernenden Vorbehalte. Dazu ein kleines Beispiel aus eigener Erfahrung.

III ■■■ SICH AN EINE NEUE SPRACHE WAGEN

Während sieben Jahren fuhr ich jeweils im Mai nach Wien, wo ich an einer Universität Seminare zum Thema Lern- und Arbeitsstrategien leitete. Um die ganztägigen Veranstaltungen aufzulockern, übte ich jeweils zwischendurch mit den Studierenden Gedächtnistechniken. Das war stets lustig und vermittelte den jungen Menschen verblüffende Erfolgserlebnisse. Einmal war ein Assistent dabei, der besonders begeistert mitmachte. Am nächsten Tag erzählte er mir, dass ihm über Nacht etwas längst Vergessenes in den Sinn gekommen sei: Als Schüler habe er häufig seine Fantasie eingesetzt, um sich Dinge besser merken zu können. Doch als er aufs Gymnasium gekommen sei, habe er damit aufgehört, weil es ihm kindlich und nicht mehr angebracht erschienen sei.

Diesen Vorbehalt teilen viele Menschen. Andere befürchten, das Ausdenken von Eselsbrücken sei ein Umweg, der zu viel Zeit wegnehme und das Gedächtnis noch mehr belaste.

Fakt ist, dass es zunächst etwas Übung braucht, sich Eselsbrücken auszudenken. Doch bereits nach kurzer Zeit geht es müheloser, und der Aufwand zahlt sich aus.

Probieren Sie es gleich selbst: Wie lassen sich die folgenden spanischen Begriffe mithilfe einer Eselsbrücke merken?

la mariposa – der Schmetterling
el pato – die Ente
el caracol – die Schnecke
el zorro – der Fuchs
el lobo – der Wolf

Bei diesen Beispielen könnten Ihre Gedanken so aussehen: Schmetterlinge sind doch wie meine Freundin Maria, die gerne posiert: *mariposas*. Beim Wort *el pato* kommt mir *pâté de fois gras*, Gänseleberpâté in den Sinn. Die Ente ist zwar keine Gans, aber es gibt auch Entenpâté. *Caracol: cara* bedeutet Gesicht und *col* erinnert an einen Hals. Eine Schnecke besteht doch eigentlich nur aus einem Gesicht und einem Hals, deshalb *el caracol*. Um *zorro* mit dem Fuchs in Verbindung zu bringen, könnte ich mir vorstellen, wie der Fuchs das kreischende Huhn in seinen Bau zerrt und dabei die Federn fliegen: *Zorro* zerrt. *Lobo* hört sich dagegen an wie Lob, und ja, es ähnelt dem französischen *le loup*, bloss ist der *loup* im Spanischen ein *lobo*.

Beim Ausdenken von Eselsbrücken sind Ihrer Fantasie keine Grenzen gesetzt. Wichtig ist, sich jedes einzelne Vorstellungsbild gut einzuprägen: Wenn Sie die Augen schliessen, sollen Sie das innere Bild vom *zorro*, der das Huhn in den Bau zerrt, oder von den *mariposas*, die wie Maria gerne posieren, klar und deutlich vor sich sehen.

Die Methode, die ich bei diesen Beispielen verwendet habe, heisst Schlüsselwortmethode: Das Schlüsselwort tönt ähnlich wie der fremdsprachliche Begriff und verbindet ihn mit seiner Bedeutung. Wissenschaftliche Befunde zeigen, dass diese Methode die gedächtniswirksamste von allen ist.[61]

Bei schwierigeren Wörtern braucht es oft noch etwas mehr Phantasie und manchmal auch kleine Geschichten. So dachte ich beim Griechischlernen für *estiatorio* (Restaurant) an meine Freundin Esthi, die ins Restaurant beim Stadttor gehen möchte: *estiatorio*. Für *xenodochío* (Hotel) kommt mir mein früherer Schwarm Xeno in den Sinn; ich möchte mit ihm ins Hotel – doch I.O., mein späterer Freund, ist nicht einverstanden: *xenodochío*.

Natürlich wollen auch Eselsbrücken repetiert sein. Sie sind wie Baugerüste, die nicht mehr benötigt werden, wenn das Wort genügend gefestigt ist. Dann haben sie ihre Funktion erfüllt, und sie geraten ganz von selbst in Vergessenheit.

Alles klar? Eselsbrücken sind ja nichts Neues für Sie. Bloss: Nutzen Sie sie auch? Falls nicht, hier noch ein Tipp: Im Multipack wird Ihnen das Fantasieren leichter fallen. Lassen Sie mindestens fünf schwierige Wörter zusammenkommen. So müssen Sie sich nicht bei jedem einzelnen Wort von Neuem überwinden. Wenn Sie einmal drin sind mit dem Ausdenken von Eselsbrücken, kommen Ihnen diese reihenweise in den Sinn. Zu zweit macht es im Übrigen noch mehr Spass!

ZUR SELBSTREFLEXION

1. Habe ich meine Erwartungen der Realität angepasst, oder frustriert es mich noch immer, wenn mir ein Wort, das ich bereits öfter gehört habe, schon wieder nicht einfällt?
2. Kenne ich die Vorbehalte gegen Eselsbrücken aus eigener Erfahrung oder von anderen?
3. Kann ich mir vorstellen, dass ich mit etwas Übung rascher Eselsbrücken bilden kann?

Le gare? La gare? – Der richtige Artikel

In einer fremden Sprachen stimmen die Artikel nicht notwendigerweise mit denjenigen unserer Muttersprache überein. Sie kennen dies aus dem Französischunterricht:

le métro – die Metro	*la salade* – der Salat
le geste – die Geste	*la gare* – der Bahnhof
le chocolat – die Schokolade	*la dent* – der Zahn

Wenn wir unsere Kreativität einsetzen, können wir uns auch schwierige Artikel merken. Ich möchte Ihnen dies am Beispiel der genannten Wörter illustrieren.

Da ich ein gutes Gedächtnis für Bilder, Farben und Gerüche habe, bringe ich die männlichen Wörter mit der Farbe blau und mit einem Mann, der nach einem Männerparfüm riecht, in Verbindung: Ich sehe vor meinem geistigen Auge einen Mann, der durch den blauen Eingang zur Haltestelle von *le métro* hinuntersteigt. Um *un geste* zu machen, muss er die Hände aus seinen blauen Hosen nehmen. Dabei riecht man bei jeder Bewegung sein Parfüm. *Le chocolat,* die er anbietet, ist blau verpackt und schmeckt scheusslich, denn auch sie riecht nach seinem Parfüm.

Im Gegensatz zu den männlichen Wörtern sind die weiblichen Wörter pink und erhalten ein Kleid übergestülpt, wie es in früheren Zeiten in Versailles Mode war. Es ist rosa und riecht entsprechend nach einem Rosenparfüm. Je nachdem kann das Kleid so klein sein, dass bloss *la dent* darin Platz findet. Es kann aber auch die Grösse einer Käseglocke haben, um *la salade* zuzudecken oder gar das rosarote Gebäude von *la gare* zu umhüllen.

Rechtzeitig repetieren

Rechtzeitig repetieren heisst, die Wörter dann zu packen, wenn man sich noch an sie erinnern kann. Denn wenn sich die Wörter noch aus der Erinnerung abrufen lassen, ist der Lernreiz im Gehirn stärker, als wenn man sie sich erneut einprägen muss.

Aus Kapitel 6 («Klug repetieren», Seite 61) wissen Sie bereits, auf welche Punkte es beim Repetieren generell ankommt:
- das Gelernte frei aus dem Gedächtnis abrufen, statt es bloss nochmals zu überfliegen
- zu Beginn häufiger repetieren
- beim Abrufen für Abwechslung sorgen

Beim zweiten Punkt habe ich lediglich geraten, die Wörter nach einem Tag (und dann in zunehmend grösseren Zeitabständen) zu wiederholen. Dieser Zeitabstand reicht aus für das Auffrischen von früher Gelerntem. Will man sich hingegen schwierige neue Wörter einprägen, kommt man nicht darum herum, diese auch innerhalb der ersten 24 Stunden öfter zu repetieren.

Wie viele Wiederholungen in den ersten 24 Stunden?
Stellen Sie sich vor, Sie hören den untenstehenden Dialog aus dem *Collins Easy Learning Greek Audio Course* und lesen ihn auch gleichzeitig. Wie viele Sekunden können Sie die griechischen Wörter behalten, ohne sie ständig zu wiederholen?

Kalispera kirie Yianni.	Guten Abend, Herr Hans.
A, kalispera sas kiria Eleni.	Ah, guten Abend, Frau Helen.
Ti kanete?	Wie geht es Ihnen?
Kala efcharisto.	Gut, danke.
Eseis?	Und Ihnen?
Etsi k'etsi…	soso lala…
Hairete.	Tschüss.
Adio sas!	Auf Wiedersehen!

Das Kurzzeitgedächtnis ist äusserst fragil, denn es beruht auf flüchtigen elektrischen Impulsen. Werden völlig fremde Wörter nicht innert ein paar weniger Sekunden wiederholt, sind sie gleich wieder weg. Jede Wiederholung hilft jedoch, eine Gedächtnisspur aufzubauen und sich etwas länger zu erinnern. Bleibt man dran, wird die Spur allmählich stärker, das heisst, es bilden sich dauerhaftere Veränderungen in den Hirnstrukturen (siehe auch die Urwald-Analogie auf Seite 69). Dann dürfen auch die Zeitintervalle für die Wiederholung grösser werden.

Der Sprachforscher Paul Pimsleur, der durch seine Audio-Lernsysteme vor allem in den USA bekannt ist, hat sich mit der kurzzeitigen Speicherung befasst. Die Wahrscheinlichkeit, dass man ein Wort behalten kann, ist nach Pimsleur bei Repetitionsintervallen von 5^x Sekunden am grössten.[62] Das heisst, man repetiert mit Vorteil nach 5, 25, 125, 1025, 3125 Sekunden ... und so fort. Gerundet bedeutet dies für die ersten 24 Stunden Folgendes:

Repetieren nach: 5 s – 25 s – 2 min – 10 min – 50 min – 4 h – 22 h

Oder noch etwas praxisnäher:
- während der ersten 10 Minuten 4-mal wiederholen
- dann nach etwa einer Stunde
- erneut nach einigen Stunden
- sowie einen Tag später

Wohlgemerkt: Dies ist eine Faustregel, nicht ein unumstössliches Gesetz. Es ist eine Vorlage, die sich den eigenen Bedürfnissen anpassen lässt. Sollten Sie nach den vorgegebenen Zeitabständen die Wörter bereits vergessen haben, müssten Sie sie häufiger wiederholen.

Belassen Sie es jedoch nicht bei blosser Wiederholung. Machen Sie etwas mit den Wörtern, lernen Sie aktiv: Schreiben oder zeichnen Sie die Wörter, sprechen Sie sie laut und deutlich und übertrieben aus, bauen Sie ganz bewusst innere Vorstellungen des Schriftbildes und des Klangbildes auf und denken Sie sich kleine Sätze und wenn nötig Eselsbrücken aus. So werden die Wörter besser im Gedächtnis verankert.

Regel für die weitere Festigung

Je schwieriger ein Wort zu memorieren ist, desto wichtiger ist die häufige Repetition innerhalb der ersten 24 Stunden. Doch auch nachher muss wiederholt werden. Für diese weitere Festigung gibt es ebenfalls eine Faustregel mit ständig grösser werdenden Zeitabständen:

Repetieren nach: 1 Tag – 3 Tagen – 1 Woche – 1 Monat – 6 Monaten

Je nach Sprache, Vorkenntnissen, übrigen Lernaktivitäten und Alter kann Ihr Rhythmus grössere oder kleinere Zeitabstände haben. Auch hier geht es darum, die Wörter noch knapp vor dem Vergessengehen abzufangen.

Wenn die Wörter noch einigermassen präsent sind, macht das Abfragen nicht nur mehr Spass. Die Repetition ist auch wirkungsvoller. Denn wenn ein Wort aus der Erinnerung abgerufen wird, stärkt dies die Gedächtnisspur mehr, als wenn es bereits vergessen ist und man es sich erneut einprägen muss.

ZUR SELBSTREFLEXION
1. Wie häufig ist bei «meiner» neuen Sprache eine Repetition innert 24 Stunden erforderlich?
2. Wie könnte ich die Wiederholungen in den Tagesablauf integrieren?
3. Wie kann ich für Abwechslung beim Repetieren sorgen (drei Beispiele)?

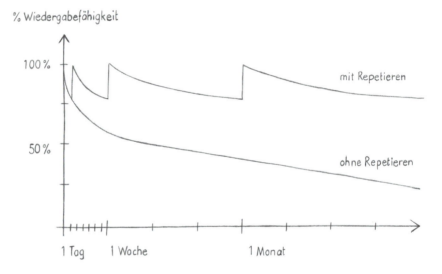

Repetition mittels Lernkartei oder elektronischem Vokabeltrainer

Die systematische Repetition in grösser werdenden Zeitabständen gehen Sie am besten mit einer Lernkartei oder einem elektronischen Vokabeltrainer an – wie, das schildere ich Ihnen im Kasten nebenan. Ob analoge oder elektronische Vokabeltrainer, ob mit Lernkistchen, Tablet oder mit dem Smartphone: Die Systeme, die ich Ihnen vorstelle, erleichtern die gezielte Repetition enorm. Sie sind unübertroffen, wenn es darum geht, Wörter

DIE DIGITALE VARIANTE: VOKABELTRAINER
Es gibt unzählige Angebote, ob als Desktop-Version oder als App. Unter dem Suchbegriff «Vokabeltrainer» werden Sie fündig. Bekannte Erzeugnisse sind z.B. iVocabulary, Anki oder Flashcards.

DIE ANALOGE VARIANTE: MODIFIZIERTE LERNKARTEI
Im Gegensatz zu herkömmlichen Karteien mit grösser werdenden Fächern hat die modifizierte Lernkartei Fächer mit den Wochentagen und den Monaten.[63] Sie funktioniert folgendermassen:

Angenommen, ich habe heute Montag 20 spanische Wörter, die ich noch nicht aktiv beherrsche, auf Kärtchen geschrieben – teils als einzelne Begriffe, teils in Sätzen. Ich lerne sie so, dass ich sie am Abend noch kann.

Um die Wörter gemäss der Regel «nach 1 Tag, 3 Tagen, 1 Woche, 1 Monat» zu repetieren, gehe ich folgendermassen vor: Ich stecke sie am Montagabend nach der letzten Repetition ins Dienstagsfach. Am Dienstag frage ich die Kärtchen ab. Dabei trennen sich die Wege: Die «Guten» kommen weiter, die «Schlechten» nicht:
- Die «Guten» rücken drei Tage vor; das heisst, sie kommen ins Freitagsfach. Wenn sie am Freitag abgefragt werden, rücken die «Guten» eine Woche vor. Das heisst, sie kommen zurück ins Freitagsfach. Die «Schlechten» müssen von vorne beginnen und kommen ins Samstagsfach.
- Die «Schlechten» müssen von vorne beginnen und werden deshalb nach einem Tag wieder abgefragt. Das heisst, sie kommen ins Mittwochfach. Bei der Abfrage am Mittwoch rücken die «Guten» drei Tage, die «Schlechten» einen Tag vor.

Was in der Beschreibung kompliziert tönt, ist beim Nachmachen ganz einfach: Unser zeitliches Gedächtnis ist so gut, dass wir immer wissen, ob die «Guten» als Nächstes drei Tage, eine Woche oder einen Monat weiterrücken.
Sobald Sie etwas Erfahrung mit der Lernkartei haben, können Sie auch mit den Repetitionszeiten variieren. Das heisst, wenn Sie bei einem Wort das Gefühl haben, es müsste bereits nach zwei Tagen repetiert werden, stecken Sie es in das entsprechende Fach. Oder wenn Sie nach der Wochenrepetition befürchten, in einem Monat sei das Wort vergessen, repetieren Sie es nach einer Woche noch einmal.

und Sätze maximal zu behalten – und dies erst noch mit minimalem Zeitaufwand.

Die hohe Wirksamkeit kommt nicht von ungefähr; sie basiert vielmehr auf folgenden Prinzipien:
- Die grösser werdenden Zeitabstände werden automatisch durch das System vorgegeben. Die Wörter werden dadurch nicht zu häufig und nicht zu selten repetiert (siehe die Kurve auf Seite 168).
- Vergessenes wird häufiger wiederholt. Das heisst, der ganze Repetitionsrhythmus (z. B. 1 Tag, 3 Tage, 1 Woche, 1 Monat) beginnt bei Vergessenem stets wieder von vorn.

Dazu kommen folgende Punkte:
- Sowohl Lernkärtchen wie Smartphone, Tablet etc. sind handlich und auch unterwegs anwendbar.
- Fortschritte sind gut zu erkennen.

Allerdings wollen die Systeme täglich genutzt sein. Keine Sorge, der Zeitaufwand hält sich in Grenzen, da Erinnertes seltener abgefragt wird; ein paar Minuten oder eine Viertelstunde täglich reichen aus.

Wie die von mir entwickelte modifizierte Lernkartei funktioniert, sehen Sie im Kasten auf Seite 169. Beispiele von elektronischen Alternativen finden Sie im selben Kasten.

WORTSCHATZDATENSÄTZE (DIGITAL UND ANALOG)
Datensätze zum Herunterladen lassen sich in den Vokabeltrainern, auf Vokipedia oder mittels Suchbegriffen wie zum Beispiel «download grundwortschatz spanisch deutsch» finden. Wer Kärtchen vorzieht, kann diese ebenfalls vorgefertigt als Grund- oder Aufbauwortschatz erwerben. ■

Lernkartei oder elektronischer Vokabeltrainer?

Beide Systeme sind nützlich, und oft ist es sinnvoll, beide zu gebrauchen. Das heisst, sowohl Kärtchen zu schreiben und die Lernkartei zu nutzen, als auch eine elektronische Version zu verwenden. Manchmal ist die Lernkartei praktischer, zum Beispiel, wenn es um nützliche Sätze geht. In anderen Situationen ist eine elektronische Version vorteilhafter. Selbst wenn es ab und zu Überschneidungen gibt, macht es nichts; im Gegenteil. Diese gibt es immer, wenn man unterschiedliche Lernmaterialien nutzt – und beim natürlichen Sprachenlernen sowieso.

WORIN UNTERSCHEIDEN SICH DIE BEIDEN SYSTEME?

Elektronische Vokabeltrainer	Lernkartei
Mit den elektronischen Versionen werden eher Lernende mit digitalem Lernstil glücklich.	Die Lernkartei spricht Lernende mit analogem und kinästhetisch-taktilem Lernstil an: Man produziert etwas, es ist greifbar, und das Ganze lässt sich überblicken.
Einträge können von Hand eingetippt oder aus dem Netz heruntergeladen werden. Via Internet lassen sich eigene Datensätze auch mit anderen Usern teilen.	Die Lernkärtchen (Grösse A7) können von Hand geschrieben, mithilfe von Software hergestellt oder fertig gedruckt gekauft werden.
Die Pluspunkte: Elektronische Vokabeltrainer wirken nicht nur zeitgemässer (was irrelevant ist, aber dem Ego schmeichelt), sondern geben vor allem mehr und vielfältiges Feedback. Manche haben Aufforderungscharakter und senden eine Message, wenn man nicht regelmässig übt. Das hilft, dranzubleiben. Ein gewisser Aufwand ist einzig zu Beginn zu betreiben, bis eine passende App beziehungsweise Desktopversion gewählt und brauchbare Datensätze gefunden sind.	Die grossen Pluspunkte der Lernkartei sind Einfachheit und Flexibilität. Eine Lernkartei ist schnell gemacht, die Kärtchen sind rasch geschrieben, und wenn man die Handhabung begriffen hat, lässt sich der Zeitpunkt der nächsten Repetition mühelos wählen: Man steckt das Kärtchen einfach in das gewünschte Wochentags- oder Monatsfach.

Ob digital oder analog: Beide Repetitionssysteme zeigen bei regelmässiger Nutzung fantastische Resultate; sie sorgen dafür, dass die Wörter und Sätze wirklich sitzen. Dazu kommt, dass diese Art der Repetition ungemein befriedigend ist. In einer meiner Umfragen an der ETH Zürich wollte ich wissen, wann Lernen Freude macht.[64] Ein Student schrieb:

Ich habe Japanisch mit einer Lernkartei, die sechs Fächer enthielt, gelernt. Jeden Morgen bin ich die halbe Stunde von zu Hause an die ETH zu Fuss gegangen und habe jeweils eines der Fächer repetiert. So kam ich immer mit einem Erfolgserlebnis an.

Ein solches Erfolgserlebnis können Sie nach jeder Repetitionsrunde spüren, auch wenn sie nur 10 Minuten dauert; Sie müssen bloss darauf achten. Es fühlt sich ähnlich an, wie wenn man sich zu körperlicher Bewegung überwunden hat und nach draussen geht. Am Ende ist man immer besser drauf, selbst wenn man vom Regen überrascht worden ist und durchnässt nach Hause kommt.

Bezogen auf das Lernen heisst das, dass Sie auch dann nach einer Lernsession befriedigt sein können, wenn Sie scheinbar keine Fortschritte gemacht haben oder wenn Sie vieles vergessen haben. Solche Dinge gehören zum Lernprozess. Trotzdem: Sie waren dran – und das ist es, was zum guten Gefühl verhilft.

Dazu kommt, dass im Unterbewusstsein dennoch etwas hängenbleiben kann. Ich möchte Ihnen dies anhand einer eigenen Erfahrung beim Spanischlernen schildern.

Als ich den Wortschatz zum Thema «Haushalt» repetierte, machte mir das Wort *escoba* (Besen) Mühe; ich vergass es immer wieder. Die Verkleinerungsform *escobilla* (Bürste) hingegen konnte ich mir nicht nur bedeutend leichter merken – ich konnte sie auch problemlos im Kopf behalten. Irgendwie war der Begriff eingängiger; ich fand ihn auch sympathischer, aber ich konnte mir nicht erklären, warum dies so war.

Einige Zeit später blätterte ich wieder einmal im Buch von Mario Vargas Llosa, *Travesuras de la niña mala*. Das Werk über das böse Mädchen hatte ich in den Ferien gelesen und dabei die häufigsten unbekannten Wörter markiert. Beim Blättern dämmerte mir, warum ich mir *escobilla* leichter merken konnte: Die Zahnbürste (in Peru *escobilla* genannt), die das böse Mädchen öfter bei ihrem Verehrer vergass, kam bei den markierten Begriffen mehrmals vor und muss in meinem Gedächtnis Spuren hinterlassen haben, ohne dass ich mir dessen bewusst war.

17. Verschiedene Lernstile pflegen

Mit den Lernstilen sind die generellen Herangehensweisen, Gewohnheiten und Präferenzen beim Erwerb von Wissen gemeint. Diese können von Mensch zu Mensch verschieden sein.

In welche Richtung tendieren Sie zum Beispiel in den folgenden typischen Fällen?

- Müssen Sie ein Wort sehen, um es sich merken zu können – oder reicht es Ihnen, es zu hören?
- Suchen Sie lieber selbst nach der Lösung, wenn eine Grammatikfrage auftaucht – oder lassen Sie sich das Problem lieber von einer Lehrperson erklären?
- Möchten Sie stets zuerst einen Überblick über den Lernstoff haben – oder steigen Sie lieber gleich auf der ersten Seite ein?
- Reagieren Sie beim Sprechen in der Zielsprache spontan – oder eher überlegt?
- Lernen Sie am liebsten im Team – oder mögen Sie mehr die stillen Lernstunden für sich allein?

Falls es Ihnen schwergefallen ist, sich für die eine oder andere Option zu entscheiden, und Ihre Antwort «am liebsten beides» lautet – umso besser! Zwar haben wir alle mehr oder weniger ausgeprägte Präferenzen, doch das heisst nicht, dass man bloss auf diese Pferde setzen soll. Denn manchmal sind es weniger die angeborenen Begabungen als ganz einfach altvertraute Gewohnheiten, die den bevorzugten Lernstil bestimmen.

Der Einstieg in eine neue Sprache ist eine gute Gelegenheit, die gewohnten Methoden und die eigene Lernhaltung zu hinterfragen. Es geht hier nicht darum, dass Sie sich Bewährtes abgewöhnen sollen. Aber Sie sollen Ihr ganzes Potenzial ausschöpfen. Deshalb möchte ich Sie ermuntern, auch immer wieder andere Herangehensweisen auszuprobieren und eine grössere Vielfalt von Lernstilen zu praktizieren.[65]

Unterschiedliche Kategorien von Lernstilen

Lernstile lassen sich in drei unterschiedliche Kategorien einteilen:
- **Sensorische Präferenzen.** Hier geht es um die Sinneskanäle und die Art der Speicherung. Sind Sie eher ein Augenmensch, denken Sie in Bildern und können Sie sich gut an ein Schriftbild erinnern? Sind Sie ein Ohrenmensch, hören Sie gerne Stimmen und können Sie sich Gehörtes gar besonders gut merken? Zählen Sie sich zu den Bewegungsmenschen, sind Sie ein Kinästhet, eine Kinästhetin und lieben Sie es, aktiv zu werden, etwas mit den Händen zu tun, oder haben Sie einen ausgeprägten Tastsinn und berühren Sie die Lernmaterialien gerne?
- **Denkstil-Präferenzen.** Bei der Verarbeitung des Lernstoffs kommen unterschiedliche Denkstile zum Zug. Sie lassen sich als Gegensatzpaare darstellen, und oft neigt man auf die eine Seite, zum Beispiel: logisch – intuitiv (zuerst die Regel – zuerst die Beispiele), global – detailorientiert (liebt Überblick – liebt Details), sequenziell – simultan (eins ums andere – gleich alles miteinander).
- **Persönlichkeit und sozialer Stil.** Manche Menschen sind eher introvertiert, andere eher extrovertiert; die einen lernen gerne im Team, die andern ziehen sich zum Lernen lieber zurück. Manche bevorzugen eine gewisse Führung, andere nehmen das Ruder selbst in die Hand und pflegen eine dynamische Lernhaltung.

Die Präferenzen können sich verändern; sie beruhen nicht nur auf angeborenen Talenten, sondern haben auch mit unseren Gewohnheiten zu tun.

Was die sensorischen Stile betrifft, hoffe ich, dass ich Sie mittlerweile zu häufigerem Hören habe motivieren können. Was hingegen bis jetzt in diesem Buch noch nicht behandelt wurde, ist das Lernen durch Bewegung, der kinästhetisch-taktile Stil. Darauf werde ich gleich eingehen.

Die Denkstil-Präferenzen fasse ich anschliessend in der analog-digitalen Denkdimension zusammen.

Bei der Persönlichkeit und beim sozialen Stil geht es mir darum, dass Sie sowohl in einem grösseren Team (Klasse, Gastfamilie) als auch im Dialog (Tandem, Privatlektionen, Kontakte mit Einheimischen) sowie im Selbststudium Erfahrungen sammeln; dass Sie in jedem Fall das Lernen möglichst autonom gestalten und eine dynamische Lernhaltung pflegen – kurzum, dass Sie die Neugier und offene Lernhaltung des Krabblers nicht vergessen.

Eine dynamische Lernhaltung bedeutet, dass Intelligenz und Begabungen als etwas Veränderbares betrachtet werden, als etwas, das permanent weiterentwickelt werden kann. Mit dieser Haltung fragt man sich eher «Wie gehe ich das an?» als «Kann ich das?». Das bewirkt, dass man sich mehr zutraut. Fehler und Niederlagen werden als Herausforderung, als Gelegenheit, sich zu verbessern gesehen («Jetzt erst recht!»). Mit einer dynamischen Einstellung lieben Sie es, Ihre Kräfte voll und ganz einzusetzen und sich auch in Gebieten, in denen Sie Anfänger sind, anzustrengen und das Beste zu geben.

Der kinästhetisch-taktile Stil

Genauso wie die visuellen und auditiven Lernstile kann sich auch der kinästhetisch-taktile Lernstil ganz unterschiedlich äussern. Während die einen den vollen Körpereinsatz mögen, ziehen andere feinmotorische Bewegungen vor, wie sie beim Schreiben oder beim Artikulieren vorkommen; oder aber sie haben eine Vorliebe fürs Anfassen und Erspüren.

Von welchen der folgenden kinästhetischen oder taktilen Lernaktivitäten fühlen Sie sich angesprochen?

- **Körperlernen:** Neue Wörter durch passende Bewegungen, Gesten und Mimik ausdrücken. Insbesondere Verben können Sie sich dadurch besser merken.
- **Rollenspiele und Pantomime:** Beim lauten Lesen und Reproduzieren eines Textes die Gefühle und Gebärden theatralisch übertrieben darstellen.

- **Sich beim Lernen bewegen:** Sich im Raum wie auf einer Bühne bewegen, um die Aussprache zu üben. Beim Spazieren, Joggen, Walken, bei der Haus- und Gartenarbeit nicht nur Audiomaterial hören, sondern auch in der Zielsprache denken, gedanklich Dialoge üben, eine Geschichte nacherzählen oder Audio-Wortschatztraining machen. Wem es zusagt, der kann auch auf dem Hometrainer lesen, TV-Sendungen oder Filme ansehen oder Gelerntes abfragen und repetieren.
- **Schreiben:** Beim Lernen schreiben, kritzeln und zeichnen. Neue Wörter mit dem Finger in grossen Bewegungen in die Luft, auf die Tischplatte oder auf den Teppich schreiben. Beim Notieren die Lieblingsstifte, die Lieblingsfarben und das Lieblingspapier gebrauchen. Beim Tippen die Lieblingstastatur (PC, Tablet, Smartphone) benützen.
- **Ein greifbares Produkt erzeugen:** Lernposter machen, Mindmaps zeichnen, Lernkärtchen und Lückentexte produzieren, Texte nach der 3-Farben-Methode markieren.

ZUR SELBSTREFLEXION
1. Welche drei Ideen zum kinästhetischen Lernen könnte ich demnächst ausprobieren?
2. Was bringt es mir, wenn ich jeweils zu Beginn einer Lernsession fünf Minuten laut lese?
3. Kenne ich die Zufriedenheit, wenn ich ein greifbares Produkt geschaffen habe?

Der digitale und der analoge Denk- und Lernstil

Beim Begriff «digital» denken Sie vielleicht an die digitale Zeitanzeige oder an die digitalen Medien. Hier ist «digital» auf eine bestimmte Art des Denkens und Lernens, also auf die Verarbeitung der Information, bezogen.[66]

Digitale Denkerinnen und Denker mögen Zahlen und klare Fakten. Ihr Denken ist logisch, analytisch und sequenziell, das heisst, sie machen einen Schritt dem anderen. Sie lieben Klarheit, Planung, Ordnung und Systematik. Oft nennt man diese Art des Denkens auch «linkshemisphärisch», weil dabei die linke Hirnhälfte aktiver ist.

Im Gegensatz dazu mögen analog denkende Menschen Grössenordnungen, Ähnlichkeiten, bildhafte Vorstellungen und Erfahrungen. Ihr Denken ist intuitiv, ganzheitlich und simultan; sie können Unklarheiten tolerieren und gehen die Aufgaben gerne aus unterschiedlichen Richtungen an. Für diese Art des Denkens und Vorgehens wird auch der Begriff «rechtshemisphärisch» gebraucht, weil dabei die rechte Hirnhälfte etwas aktiver ist.

Aufs Sprachenlernen bezogen sind folgende Vorgehensweisen und Präferenzen charakteristisch:

Digitaler Lernstil (linkshemisphärisch)	Analoger Lernstil (rechtshemisphärisch)
Liebt klare Lernziele, sowohl kurz- als auch mittel- und langfristig.	Möchte einen entfernten Traum verwirklichen. Dieser gibt die Richtung vor und wirkt als Leitstern.
Hält sich gerne an eine begrenzte Zahl von Unterlagen.	Nutzt mehrere Lehrbücher und dazu noch viele andere Materialien.
Liebt Details; geht das Lernen gerne *bottom up* an.	Braucht den Überblick; geht das Lernen gerne *top down* an.
Will in einem Text jedes Wort verstehen; mag Ungewissheiten nicht.	Liebt es, den Sinn von Wörtern aus dem Zusammenhang heraus oder durch Ähnlichkeiten zu erraten.
Mag zum Lernen Lehr- und Arbeitsbücher der passenden Niveaustufe.	Liebt es, aus Geschichten und authentischem Material zu lernen.
Lernt Grammatik logisch mithilfe von Regeln.	Lernt Grammatik intuitiv mithilfe von Beispielen.
Lernt Wörter gerne mittels Wortgleichungen, z. B. *svegliarsi* – aufwachen.	Lernt Wörter gerne im Satzzusammenhang, z. B. *Una mattina, Libero si sveglia e accende il computer.*
Nutzt zum Repetieren gerne elektronische Vokabeltrainer.	Zieht beim Repetieren die grössere Flexibilität von Lernkartei und Lernkärtchen vor.
Findet Sprachlernsoftware attraktiv.	Fühlt sich durch Sprachlernsoftware oft eingeengt.

Der digitale und der analoge Denkstil bilden die entgegengesetzten Pole auf einem Kontinuum. Die meisten Menschen haben gewisse Präferenzen, können aber je nach Bedarf beide Denkstile nutzen. Jeder von uns kennt zudem aus eigener Erfahrung zwei gänzlich unterschiedliche Arten des Spracherwerbs: den natürlichen Weg, auf dem wir uns die Muttersprache intuitiv und unbewusst angeeignet haben, sowie das formale, bewusste Lernen mittels Lehrbuch und Sprachunterricht. Der natürliche Weg gleicht in vielem dem analogen Lernstil, während das formale Lernen mehr dem digitalen Stil entspricht. Anders gesagt: Wir haben Erfahrung mit beiden Lernstilen – welches auch immer unsere Präferenzen sind.

> **INFO** *Befunde aus der Forschung zeigen, dass analoge Lernerinnen und Lerner beim Einstieg in eine neue Sprache etwas im Vorteil sind. Wenn es aber um systematisches Lernen geht, zum Beispiel im Hinblick auf Prüfungen, ist der digitale Lernstil vorteilhafter.*[67]

Wichtig ist vor allem, dass Sie so einsteigen, wie es Ihnen behagt. Ist Ihr Lernstil eher analog, mögen Sie vor allem *top down*-Aktivitäten wie das Lesen und das Hören von Geschichten. Bevorzugen Sie eher *bottom up*, beginnen Sie lieber mit Wortschatzarbeit und Grammatikregeln und ziehen das Lehrbuch oder elektronische Lernprogramme den Geschichten vor.[68]

ZUR SELBSTREFLEXION
1. Neige ich eher zum analogen oder zum digitalen Denkstil?
2. Wenn ich die analogen und digitalen Beispiele betrachte: Wo könnte ich meinen Effort noch etwas verstärken?
3. Welches ist meine Lieblingsaktivität, mein Motor beim Sprachenlernen?

18. Dranbleiben und sich weiterbringen

Im Jahr 1999 konnte ich eine Auszeit nehmen und ein paar Monate als akademischer Gast an der Harvard University verbringen. Mein Mann beurlaubte sich ebenfalls und begleitete mich. Bald nach unserer Ankunft wurden wir zu einer kleinen Party eingeladen. Wir waren die einzigen neuen Gäste in diesem Kollegenkreis, und das Gespräch drehte sich bald einmal um die Fremdsprachen, die wir Schweizer in der Schule lernen. Französischkenntnisse gelten bei manchen gebildeten Amerikanern als chic, und als mein Mann erzählte, dass er während seines Medizinstudiums auch noch Russisch lernte, fragte einer der Anwesenden etwas alarmiert in die Runde: «*And what the hell did we do while you guys were learning languages?*» Einen Augenblick lang herrschte betretene Stille, bis ein anderer konstatierte: «*We were probably watching TV.*»

Mit den modernen Medien sind die Möglichkeiten zur Ablenkung und Zerstreuung auch bei uns unendlich viel grösser geworden. Wenn Sie jedoch wissen, was Sie wollen, wenn Ihnen das Sprachenlernen wichtig ist und Sie beruflich und persönlich weiterkommen möchten, können Sie den

Versuchungen durch die Medien eher widerstehen und bleiben dran. Dieses Schlusskapitel ist deshalb dem Dranbleiben und damit dem Weiterkommen gewidmet.

Ich erläutere Ihnen zunächst, wie Sie den geschichtenbasierten Ansatz weiterführen können. Dann ist es Zeit, sich mal für sämtliche Lernanstrengungen zu belohnen und sich – sofern möglich – eine Reise oder einen Aufenthalt in der Sprachregion zu gönnen. Zum Schluss möchte ich noch die Frage diskutieren, wie sich die erworbenen Sprachkenntnisse weiterhin pflegen lassen.

Mit den Geschichten weiterfahren

So wie beim Hören und Lesen der Geschichten das Bedürfnis nach dem Beherrschen der Konjugation auftaucht, meldet sich bald auch der Wunsch, typische Gesprächssituationen zu meistern. Man möchte zum Beispiel verschiedene Arten der Begrüssung kennen oder wissen, wie man Dankbarkeit ausdrückt, Komplimente macht, sich nach etwas erkundigt oder sich beschwert. Dann ist die Zeit reif, die Geschichten durch ein Lehrbuch oder einen Hörkurs zu ergänzen. Solche Werke sind heute in der Regel nach dem kommunikativen Ansatz aufgebaut und behandeln Gesprächssituationen, die in den Geschichten meistens ein wenig zu kurz kommen.

Falls die Zielsprache für Sie nicht allzu schwierig ist, empfehle ich Ihnen, auf einen Hörkurs statt auf ein Lehrbuch zu setzen und Letzteres lediglich als Ergänzung zu gebrauchen. Das Audiomaterial eines Hörkurses ist nämlich meistens besser, und es ist wichtig, die Sprache weiterhin regelmässig im Ohr zu haben.

Nutzen Sie zum Weiterfahren auch die andern Lehrmittel und -medien regelmässig (siehe Seite 21). Falls Sie eine Leseratte sind, ist auch extensives Lesen zu empfehlen.[69]

Gönnen Sie sich in jedem Fall genügend ansprechendes Material. Es ist wichtig, dass Sie jederzeit für Abwechslung sorgen können. Sie wissen mittlerweile, was dies bewirkt: Die Wörter und Wendungen aus den unterschiedlichen Zusammenhängen arbeiten in Ihnen weiter und werden verknüpft und vernetzt. Je öfter Sie ihnen wieder begegnen, desto stärker ist der Effekt.

ZUR SELBSTREFLEXION
1. Welche nicht erwähnten Materialien oder Medien könnte ich sonst noch gebrauchen?
2. Welches Magazin in der Zielsprache interessiert mich am meisten?
3. Ist mir klar, dass das Hirn nur Dinge vernetzen kann, die gut genug gespeichert sind?

Aufenthalte im Sprachgebiet nutzen

Ein paar Tage oder Wochen im Zielland verbringen, in dessen Ambiance eintauchen und das Gelernte in realen Situationen ausprobieren – das hat sowohl für Anfänger als auch für Fortgeschrittene seinen besonderen Reiz. Es lassen sich öfter kleine Triumphe des Könnens erleben, das sprachliche Selbstvertrauen wird gestärkt, und die Motivation ist auf Höhenflug.

Natürlich sind Ihnen dabei als realistische Person drei Dinge von Vornherein klar: Sie werden beim Sprechen auch ab und zu stecken bleiben, Sie werden Fehler machen und Sie werden nicht immer genau verstehen, was Ihr Gegenüber sagt. Das gehört nun mal zum Lernprozess.

Gesprächsgelegenheiten schaffen
Wenn Sie sich mit Einheimischen unterhalten wollen, müssen Sie aktiv werden und für entsprechende Gelegenheiten sorgen, zum Beispiel:
- sich zu Fuss, per Rad oder mit den öffentlichen Verkehrsmitteln bewegen
- statt im Hotel in einer Bäckerei oder Bar unter Einheimischen frühstücken
- Übernachtungen in einem *Bed & Breakfast* statt in einem grossen Hotel buchen
- Stadtrundfahrten und Museumsführungen in der Landessprache mitmachen
- geführte Wanderungen, Exkursionen und Sportveranstaltungen für Kontakte nutzen
- einen Kochkurs oder einen andern Hobbykurs belegen (im Voraus anmelden ist empfehlenswert)
- zum Coiffeur gehen, sich Manicure, Pedicure oder eine Massage leisten

Die Gelegenheit, mit Einheimischen ins Gespräch zu kommen, schaffen Sie auch, wenn Sie nach dem Weg zum Bahnhof fragen (selbst wenn Sie diesen bereits kennen) oder einen Tipp für ein gutes Restaurant möchten. Lassen Sie sich zudem in einem Warenhaus beraten oder erkundigen Sie sich in Bibliotheken und Buchhandlungen nach einem ganz bestimmten Buch. So werden Sie sich oft auch gleich noch eine Weile unterhalten können.

Bleiben Sie mit den Gesprächsgelegenheiten dran. Sie entdecken dadurch Welten, die Ihnen sonst verschlossen bleiben, und haben Begegnungen, die Ihr Interesse für die Sprache und die Kultur weiter stärken.

Von Sprachkursen, Privatlektionen und anderen Möglichkeiten profitieren

Je nachdem, was Sie während Ihres Aufenthaltes beabsichtigen und welche Art von Kontakten Ihnen dabei wichtig sind, können Sie unterschiedliche Angebote nutzen:

- **Ferienkurse.** Der ein- oder mehrwöchige Besuch einer Sprachschule ist die einfachste Lösung, wenn Sie die Gesellschaft von andern Lernenden mögen und sich nicht selbst um Inhalte, Planung und kulturelle Aktivitäten kümmern wollen. Buchen Sie das Minimalprogramm; Ihr Hirn hat damit längst genug zu tun.
- **Privatlektionen.** Diese sind dann empfehlenswert, wenn Sie sich gezielter der Entwicklung Ihrer Sprachkenntnisse widmen möchten. Privatstunden sind konzentrierter, und deshalb reichen in der Regel eine oder zwei Lektionen pro Tag. So bleibt genügend Zeit zur Nachbearbeitung (siehe Seite 16).

PRIVATLEKTIONEN ORGANISIEREN

Fragen Sie im Tourismusbüro nach Sprachschulen, die von den Einheimischen besucht werden, oder nach der Sprachfakultät der Universität. In diesen Institutionen gibt es Anschlagbretter, wo Studierende und Sprachlehrkräfte Nachhilfestunden anbieten. Diese privaten Anbieter unterrichten nicht nur Fremdsprachen; sie sind in der Regel auch bereit, in ihrer Muttersprache zu unterrichten. Und sie verlangen bloss einen Bruchteil des Stundenansatzes, den die Sprachschulen verrechnen. Auch in Buchhandlungen oder im Internet lassen sich Angebote für Privatlektionen finden.

- **Au Pair, Auslandsemester, Praktika, Stages und Freiwilligeneinsätze.**[70] Diese Möglichkeiten, mit ein paar Wochenlektionen Unterricht und einem konkreten Lernziel kombiniert, sind besonders wirkungsvoll. Wenn Sie dazu noch bei Einheimischen wohnen, können Sie gänzlich in die Sprache eintauchen.

ZUR SELBSTREFLEXION
1. Gelingt es mir, im Sprachraum meine Antennen ganz auszufahren und mit dem Wissensdurst eines Erstklässlers, der gerade das Lesen entdeckt hat, neue Wörter und Redewendungen zu entdecken?
2. Bestehe ich darauf, in der Landessprache zu sprechen, auch wenn man mir mit Deutsch oder Englisch entgegenkommen will?
3. Was hält mich davon ab, meine Ferien im Zielland zu verbringen?

Die Kenntnisse weiterpflegen

Kürzlich gelangte eine Werkstudentin mit einer Anfrage an mich. Sie steht kurz vor dem Abschluss des Masterstudiums in Soziologie und arbeitet bereits teilzeitlich auf ihrem Gebiet. Im Gymnasium lernte sie Französisch und Englisch, doch während sie ihre Französischkenntnisse zehn Jahre lang nicht mehr brauchte, benötigt sie Englisch im Beruf. Kürzlich lernte sie anlässlich eines einjährigen Praktikums in Paraguay zusätzlich Spanisch.

Die junge Frau möchte ihre Spanischkenntnisse weiterpflegen und sie nach Möglichkeit ausbauen. Ausserdem sollte sie aus beruflichen Gründen ihr Englisch verbessern und das *Certificate of Proficiency* ins Auge fassen. Sie erwähnte des Weiteren ihr Schulfranzösisch, das sie nicht noch mehr in Vergessenheit geraten lassen möchte. Doch sie meinte, ihre Zeit sei knapp, und sich mit mehr als einer Sprache aktiv zu befassen, sei ihr zu viel des Guten. Deshalb fragte sie mich, was ich ihr raten würde.

Ihr Herz schlägt klar fürs Spanisch, während Englisch an letzter Stelle kommt. Dies ist nicht verwunderlich, zumal ihr Aufenthalt in Südamerika mit vielen positiven Erinnerungen verbunden ist. Ihre Motivation fürs Spanischlernen ist dementsprechend stark. Dazu kommt ihre Befürchtung, dass sie das Gelernte innert Jahresfrist vergisst, wenn sie es nicht aktiv pflegt.

Betrachten wir diese Beweggründe und die Frage der Motivation noch etwas genauer.

Nicht alles geht gleich schnell vergessen

Sie kennen das Phänomen aus eigener Erfahrung: Das Gedächtnis ist wie ein Sieb. Es gibt Wörter und Grammatikregeln, die ewig haften bleiben, während anderes ziemlich rasch durch die Löcher fällt.

Wenig Gebrauchtes oder oberflächlich Gelerntes ist oft nach wenigen Tagen oder Wochen vergessen. Dagegen gehen häufig verwendete, gut vernetzte und automatisierte Dinge kaum verloren: Auch nach Jahren und Jahrzehnten sind die Wörter, die Ihnen bereits früher spontan einfielen, oder die Sätze, die Ihnen schon damals geläufig waren, rasch wieder da. Es bleibt ein Grundstock, der kaum schwindet. Ob wir unser Schulfranzösisch nach 10 oder 20 Jahren auffrischen, macht deshalb keinen grossen Unterschied.

Hat man sich eine Sprache in der natürlichen Sprachumgebung eines Landes angeeignet, ist dieser Grundstock an gut verankerten Kenntnissen oft grösser. Das bedeutet, dass ein kleinerer Teil vergessen geht und man rasch wieder in der Sprache drin ist.

Motivation aufbauen

Soll die angehende Soziologin nun ihre Begeisterung für die spanische Sprache nutzen und sie weiter pflegen? Oder soll sie eher ihr Englisch verbessern, für das ihre Motivation weit kleiner ist, obwohl sie täglich merkt, dass sie mit den Kenntnissen an ihre Grenzen stösst? Denn ob sie englische Fachartikel lesen oder etwas auf Englisch vortragen oder schreiben muss – stets ist ein leiser Frust dabei.

Stünde sie kurz vor der Pensionierung, wäre die Sache klar: Sie könnte auf Spanisch setzen. Doch in ihrem Fall schlug ich vor, zunächst auszuprobieren, ob sie ihre Motivation für das Englischlernen doch noch aufbauen kann.

Um dies zu erreichen, muss sie sich wie beim Spanisch eine englische Sprachenwelt schaffen, in der sie sich gerne bewegt.

Ich empfahl ihr gleich zwei Massnahmen, die fast immer helfen: per sofort einen Tandempartner oder eine Tandempartnerin suchen (siehe Seite 86) sowie für den nächsten Urlaub einen Sprachaufenthalt planen. Die Chancen stehen gut, dass sie durch die Tandempartnerschaft und den

Feriensprachkurs ihre Liebe zum Englischen ganz neu entdeckt. Und wenn sie einmal in der Sprache drin ist, geht es mit dem Lernen einfacher voran.

Worauf es am Ende ankommt

Und Sie, liebe Leserin, lieber Leser? Ich hoffe, dass Sie die Anregungen aufnehmen, die Ihnen dieses Buch vermittelt hat. Sie wissen nun, wie sich das Lernen autonomer angehen lässt. Vielleicht haben Sie bereits die eine oder andere Methode ausprobiert und dabei gemerkt, dass Sie auf diese Weise Ihre Lernkompetenz ausbauen und gleich auch die nötige Power fürs Dranbleiben gewinnen können.

Wenn Sie das Lernen bereits eine Weile lang ganz in Eigenregie angepackt haben, werden Sie zu ähnlichen Erkenntnissen gekommen sein wie Stan Wawrinka, der für eineinhalb Jahre auf einen Coach verzichtete. In einem Interview wurde er gefragt, ob dies rückblickend eine verlorene Zeit gewesen sei.[71] Der Tennisstar meinte: «Nein, im Gegenteil. Ich denke, dass ich durch die Zeit ohne Coach gewonnen habe. Das mag nun sonderbar klingen: Aber sie hat mir geholfen, mich selbst besser zu verstehen.»

Sich selbst besser verstehen: Auf das autonome Sprachenlernen bezogen heisst dies, zu erkennen, welche Bedeutung und welche Freude sich daraus ziehen lassen, und zu beobachten, wie es unser Selbstwertgefühl, unsere persönliche Entwicklung und unsere Identität beeinflusst.

Das Schönste aber ist die unmittelbare Wirkung: Dass sich durch das Lernen, den Austausch und das Spielen mit der Sprache und den Methoden nicht nur der Horizont erweitert, sondern auch Kopf und Herz sich weiter öffnen.

Ich wünsche Ihnen, dass Sie diese Freude am Lernen und am Auf- und Ausbau Ihres Könnens ebenfalls entdecken. Denn darauf kommt es letzten Endes an.

Gerne möchte ich von Ihnen persönlich wissen, was das Buch bei Ihnen bewirkt hat und welche Erfahrungen Sie gemacht haben. Schreiben Sie gleich jetzt! Ich freue mich auf Ihre Rückmeldung:
verena.steiner@explorative.ch; www.explorative.ch
Ich finde, die mit Liebe und Sorgfalt gemachten Illustrationen passen ausgezeichnet zum Thema Sprachenlernen. Die Illustratorin Esther Angst freut sich ebenfalls über ein Feedback:
estherangst@bluewin.ch; www.estherangst.ch

Dank

Der Weg von der Idee zum fertigen Buch ist lang, und viele Menschen haben bei diesem Werk mitgewirkt.

Von Herzen danken möchte ich an dieser Stelle meinen Familienangehörigen und Freunden für die Unterstützung im vergangenen Jahr. Meine Nichte Eva Erdin hat sämtliche Magazinbeiträge sowie das ganze Buchmanuskript kritisch durchgelesen. Ihre Kommentare aus Sicht der sprachinteressierten Studentin haben die Sätze kürzer und den Text lesbarer gemacht. Auch sonst hat Eva viel praktische Hilfe geleistet, und ihre Arbeitslust machte Freude. Ulrich Reiter bin ich ebenfalls zu grossem Dank verpflichtet. Er hat bereits im Jahr 1999 – damals noch als Student – mein erstes Manuskript *Exploratives Lernen* und später *Energiekompetenz* gegengelesen. Inzwischen international tätiger Ingenieur, hat er sich auch für *Sprachen lernen mit Power* Zeit genommen. Sein Input hat dem Ganzen zu einer besseren Struktur und zu mehr Zug verholfen.

Ein ganz grosses Kompliment geht an die Lektorin Christine Klingler. Dank ihres Wirkens kann ich das Manuskript mit gutem Gefühl aus den Händen geben. Ich habe die Zusammenarbeit mit ihr überaus geschätzt und möchte ihre Sorgfalt, ihre kenntnisreichen Anregungen sowie die wertvollen Diskussionen keinesfalls missen. Ein Buch braucht auch einen Verleger, und ich danke Urs Gysling von der Beobachter-Edition für die Begeisterung und Unterstützung, die er diesem Projekt von Anfang an entgegengebracht hat.

Den sichtbarsten Beitrag hat die Illustratorin Esther Angst geleistet. Ihre verspielten und doch so präzisen Zeichnungen, der leise Humor sowie die Lebenslust, die darin zum Ausdruck kommen, berühren. Sie ergänzen den Text auf wunderbare Weise und machen Freude – bei jedem Anblick erneut.

Anhang

Weiterführende Literatur und Anmerkungen   190

Stichwortverzeichnis   193

Weiterführende Literatur und Anmerkungen

1. Noser, R. (2010). Mein Jahr in Genf. *Das Magazin*, 27, 28–32.
2. Gethin, A. & Gunnemark, E. V. (1996). *The Art and Science of Learning Languages*. Oxford: Intellect.
3. Interessante Beiträge zum autonomen Lernen finden sich in: Cotterall, S. (2008). Autonomy and good language learners. In: *Lessons from Good Language Learners*. C. Griffiths (ed.). Cambridge: Cambridge University Press. Auch das von Rebecca Oxford beschriebene Modell der strategischen Selbstregulation ist lesenswert: Oxford, R. L. (2011). *Teaching and Researching Language Learning Strategies*. Harlow: Longman.
4. In meinem Buch *Energiekompetenz* gehe ich näher auf dieses Phänomen ein: Steiner, V. (2005). *Energiekompetenz. Produktiver denken, wirkungsvoller arbeiten, entspannter leben. Eine Anleitung für Vielbeschäftigte, für Kopfarbeit und Management.* München: Pendo.
5. O'Brien, I., Segalowitz, N., Collentine, J. & Freed, B. (2006). Phonological memory and lexical narrative, and grammatical skills in second language oral production by adult learners. *Applied Psycholinguistics*, 27, 377–402.
6. Die vierzehntäglichen Beiträge erschienen von August 2013 bis November 2014 im Alpha-Magazin, der Stellenanzeiger-Beilage von Tages-Anzeiger, Sonntagszeitung, Basler Zeitung und Bund.
7. Baumeister, R. & Tierney, J. (2012). *Die Macht der Disziplin*. Frankfurt: Campus.
8. Lernjournale sind für die Umsetzung eigener Lernprojekte von unschätzbarem Nutzen. Ich gehe in meinen Büchern *Lernpower* (2010, siehe 19), sowie *Exploratives Lernen* (2013, siehe 16) ausführlicher darauf ein. Wie die Lernerautonomie mithilfe von Lernjournalen gefördert warden kann, beschreibt Jiménez Raya: Jiménez Raya, M. (2006). Autonomy Support Through Learning Journals. In: *Supporting Independent Language Learning*. T. Lamb & H. Reinders (eds.). Frankfurt am Main: Peter Lang.
9. Gu, Y. & Johnson, R. K. (1996). Vocabulary learning strategies and language learning outcomes. *Language Learning*, 46 (4), 643–679.
10. Rowsell, L. & Libben, G. (1994). The sound of one hand clapping. How to succeed in independent language learning. *The Canadian Modern Language Review*, 50 (4), 668–687.
11. Nation, I. S. P. (2001). *Learning Vocabulary in Another Language*. Cambridge: Cambridge University Press.
12. Yamamori, K., Isoda, T., Hiromori, T. & Oxford, R. L. (2003). Using cluster analysis to uncover L2 learner differences in strategy use, will to learn, and achievement over time. *International Review of Applied Linguistics in Language Teaching*, 41, 381–409.
13. Rodgers, D. M. (2011). The automatization of verbal morphology in instructed second language acquisition. *International Review of Applied Linguistics in Language Teaching*, 49, 295–319.
    Dörnyei, Z. (2009).*The Psychology of Second Language Acquisition*. Oxford: Oxford University Press.
14. Sher, B. (1994). *I could do anything if I only knew what it was*. New York: Dell Trade Paperback.
15. Aus dem Gedicht «Stufen» von Hermann Hesse (1941). In: *Gedichte fürs Gedächtnis*. U. Hahn (Hrsg.). Stuttgart: Deutsche Verlags-Anstalt.
16. Steiner, V. (2013). *Exploratives Lernen. Der persönliche Weg zum Erfolg. Eine Anleitung für Studium, Beruf und Weiterbildung.* München: Pendo.
17. Steiner, V. (2005). Siehe 4.
18. Karpicke, J. D., Roediger III, H. R. (2008). The Critical Importance of Retrieval for Learning. *Science*, 319, 966–968.

[19] Steiner, V. (2011) *Lernpower. Effizienter, kompetenter und lustvoller lernen. Die besten Strategien für Studium und Weiterbildung.* München: Pendo.
[20] Hurd, S. & Lewis, T. (eds.) (2008). *Language Learning Strategies in Independent Settings.* Bristol: Multilingual Matters.
[21] Johnson, K. (2001). *An Introduction to Foreign Language Learning and Teaching.* Harlow: Pearson.
[22] Johnson, K. (2001). Siehe 21.
[23] Madaule, P. (2002). *Die Kunst zu hören.* Zürich: Pendo.
[24] Randall, M. (2007). *Memory, Psychology and Second Language Learning.* Amsterdam: John Benjamins.
[25] Elbers, L. (1997). Output as input. A constructivist hypothesis in language acquisition. *Archives de Psychologie,* 65, 131–140.
[26] West, M. (1960). *Teaching English in Difficult Circumstances.* London: Longman.
[27] Johnson, K. (2001). Siehe 21.
[28] Celce-Murcia, M. (1995). Discourse analysis and the teaching of listening. In: *Principle & Practice in Applied Linguistics.* G. Cook & B. Seidlhofer (eds.). Oxford: Oxford University Press.
[29] Nation, I. S. P. (2001). Siehe 11.
[30] Jacobs, K. (2011). *El club de los viernes.* Madrid: Embolsillo.
[31] Auf den häufigeren Gebrauch der Untertitel haben mich die Hinweise von Beat Kleeb gebracht, und ich möchte mich an dieser Stelle bestens bei ihm bedanken.
[32] Allgemein Wissenswertes zum Thema Transfer lässt sich finden in: Steiner, G. (1996). Lernverhalten, Lernleistung und Instruktionsmethoden. In: *Psychologie des Lernens und der Instruktion.* F. E. Weinert (Hrsg.). Göttingen: Hogrefe.
[33] Nation, I. S. P. (2001). Siehe 11.
[34] Miquel, L. & Sans, N. (2003). *¿ Eres tú, María?* Barcelona: Difusión.
[35] Zwei erhellende Werke zur Thematik sind: Wray, A. & Fitzpatrick, T. (2008). Why can't you just leave it alone? Deviations from memorized language as a gauge of nativelike competence. In: *Phraseology in Foreign Language Learning and Teaching.* F. Granger & S. Granger (eds.). Amsterdam: John Benjamins.

Boers, F. & Lindstromberg, S. (2009). *Optimizing a Lexical Approach to Instructed Second Language Acquisition.* Houndmills: Palgrave Macmillan.
[36] Steiner, V. (2013). *Konzentration leicht gemacht.* München: Piper Taschenbuch. Die spanische Ausgabe ist unter dem Titel *Concentrarse mejor* erschienen (2012). Barcelona: Plataforma Editorial.
[37] Die Fehlercheckliste wurde teilweise adaptiert aus: Hurd, S. & Lewis, T. (eds.) (2008). *Language Learning Strategies in Independent Settings.* Bristol: Multilingual Matters.
[38] Übersetzungen sind derzeit aus unterschiedlichen Gründen nicht sehr populär. Trotzdem sind sie äusserst lernwirksam, was die folgenden beiden Autoren in ihren Werken begründen: Leonardi, V. (2010). *The Role of Pedagogical Translation in Second Language Acquisition.* Bern: Peter Lang.
Randall, M. (2007). *Memory, Psychology and Second Language Learning.* Amsterdam: John Benjamins.
[39] Diese Art der Wort-für-Wort-Übersetzung wurde im deutschen Sprachraum von Vera Birkenbihl populär gemacht, um die Wortstellung in der Zielsprache zu knacken: Birkenbihl, V. F. (1987). *Sprachenlernen leichtgemacht!* Landsberg am Lech: mvg.
[40] Joe, A., Nation, I.S.P. & Newton, J. (2003). Speaking activities and vocabulary learning. *English Teaching Forum,* 34 (1), 2–7. Dieser Artikel ist vor allem für Lehrkräfte interessant.
[41] Aguado Padilla, K. (2002). *Imitation als Erwerbsstrategie.* Habilitationsschrift Universität Bielefeld.
[42] Die Angaben zu den Ähnlichkeitsgraden stammen aus zwei Quellen: Gethin, A. & Gunnemark, E. V. (1996). *The Art and Science of Learning Languages.* Oxford: Intellect.
Marzari, R. (2010). *Leichtes Englisch schwieriges Französisch kompliziertes Russisch.* Berlin: Hans Schiler.
[43] Marzari, R. (2010). Siehe 42.
[44] Tokuhama-Espinosa, T. (2008). *Living Languages.* Westport: Praeger.
[45] Rück, H. (1998). Subjektive Theorie und autodidaktisches Sprachenlernen. In: *Fremdsprachen Lehren und Lernen.* G. Henrici & E. Zöfgen (Hrsg.). Tübingen: Gunter Narr.

46 Jones, F. R. (1994). The lone language learner: A diary study. *System*, 22 (4), 441–454.
46 Martinez, B. I. (2007). A story-based approach to teaching English. *Encuentro 17*, 52–56. Tokuhama-Espinosa, T. (2008). *Living Languages*. Westport: Praeger.
47 Berndt, A. (2003). *Sprachenlernen im Alter*. München: Iudicium.
48 Gardner, S. (2008). Changing approaches to teaching grammar. *ELTED*, 11, 39–44.
49 Ortega, L. (2009). *Second language acquisition*. London: Hodder Education.
50 Macedonia-Oleinek, M. (1999). *Sinn-voll Fremdsprachen unterrichten*. Linz: Veritas.
51 Die Autobiografie von Heinrich Schliemann lässt sich gleich auf mehreren Sites im Internet finden.
52 Dahlin, B. & Watkins, D. (2000). The role of repetition in the processes of memorising and understanding: A comparison of the views of German and Chinese secondary school students in Hong Kong. *British Journal of Educational Psychology*, 70, 65–84.
53 Ding, Y. (2007). Text memorization and imitation: The practices of successful Chinese learners of English. *System*, doi:10.1016/j.system.2006.12.005.
Huang, S.-C. (2008). Raising learner-initiated attention to the formal aspects of their oral production through transcription and stimulated reflection. *International Review of Applied Linguistics in Language Teaching*, 46, 375–392.
54 Christine Wullschleger sei für ihren Lerntipp herzlich gedankt.
55 Tokuhama-Espinosa, T. (2008). *Living Languages*. Westport: Praeger.
56 Aguado Padilla, K. (2002). Siehe 41.
57 Wichtige Quellen waren: Schmitt, N. (2010). Key Issues in Teaching and Learning Vocabulary. In: *Insights into Non-native Vocabulary Teaching and Learning*. R. Chacón-Beltrán, Ch. Abello-Contesse & M. Torreblanca-López (eds.). Bristol: Multilingual Matters.
Schunk, D. H. (2008). *Learning Theories. An Educational Perspective*. Upper Saddle River NJ: Pearson.
58 Farber, B. (1991). *How to Learn Any Language*. New York: Kensington Publishing.
59 Jones, F. R. (1994). The lone language learner: A diary study. *System*, 22 (4), 441–454.
60 Pavičić Takač, V. (2008). *Vocabulary Learning Strategies and Foreign Language Acquisition*. Clevedon: Multilingual Matters.
61 Stork, A. (2006). Vokabellernen – aber wie? *Beiträge zur Fremdsprachenvermittlung*, Sonderheft, 9, 193–214.
62 Pimsleur, P. (1967). A Memory Schedule. *The Modern Language Journal*, 51 (2), 73–75.
63 Steiner, V. (2011). Siehe 19.
64 Steiner, V. (1999). Unveröffentlichte Umfrage an der ETH Zürich.
65 Dörnyei unterscheidet gleich acht unterschiedliche Stildimensionen: Dörnyei, Z. & Skehan, P. (2008). Individual Differences in Second Language Learning. In: *The Handbook of Second Language Acquisition*. C. J. Doughty & M. H. Long (eds.). Oxford: Blackwell.
66 Ehrmann, M. & Leaver, B. L. (2003). Cognitive styles in the service of language learning. *System*, 31, 393–415.
67 Ehrmann, M. & Leaver, B. L. (2003). Siehe 66.
68 Stevick, E. W. (1989). *Success with Foreign Languages*. New York: Prentice Hall. Stevick beschreibt sieben erfolgreiche Lernende mit jeweils unterschiedlichen Herangehensweisen.
69 Leung, C. Y. (2002). Extensive Reading and Language Learning: A Diary Study of a Beginning Learner of Japanese. *Reading in a Foreign Language*, 14 (1), 66–81.
70 Pérez-Vidal, C. & Juan-Garau, M. (2011). The effect of context and input conditions on oral and written development: A study abroad perspective. *International Review of Applied Linguistics in Language Teaching*, 49, 157–185.
Hodel, H.-P. (2006). *Sprachaufenthalte*. Tübingen: A. Francke.
71 Wawrinka S. (2013). Zitiert aus einem Interview von D. Germann. NZZ am Sonntag, 3. November.

Stichwortverzeichnis

A

3-Farben-Methode 43
Abrufbarkeit 65, 161
Abschreiben................................ 152
Almosters 160, 162
Ansatz, geschichtenbasierter 141,
    142, 146 (Grammatik)
    siehe auch Geschichten
Antrieb................................ 30
    siehe auch Motivation
Arabisch 128, 135, 136, 160
Arbeitsbuch 22
Arbeitsgedächtnis 81
    siehe auch Kurzzeitgedächtnis
Artikel................................ 165
Artikulation 79, 80
    siehe auch Aussprache, Zungenfertigkeit
Audio-Input 136
    siehe auch Hör-Input
Audio-Wortschatztraining 43
Audiomaterial 27
Audioversionen *Easy Readers* 23
Aufbauwortschatz 24, 42, 46
Aussprache 79, 153, 156, 161
 – schlechte................................ 156, 157
 – und Tandem 89
Auswendiglernen................ 82, 119, 148,
    149, 150, 151, 152, 161 (Wortschatz)
Automatics 160
Automatisierung................ 46, 55, 56, 148

B, C, D

Behaltensleistung 80
Bewusstheit, metakognitive 50
Chinesisch 128, 137
Dänisch................................ 126

Denkstil 174, 175
 – analoger/digitaler 176
Dialoge 119
Disziplin 30

E

E-Book 97
Easy Readers 23, 91, 104, 106,
    114, 140, 144, 150
Einstufungstest................................ 21
Englisch 126, 127, 149, 154
Entspannung................................ 66
Erwartungen, falsche 53, 54
Erzählen, freies 89
Eselsbrücken 44, 64, 91, 136, 146,
    158, 161, 162, 167
Explorergeist................................ 58, 59
Extrastunden................ 31, 32, 33, 138

F

Feedback .... 92 (Tandem)
Fehler korrigieren .... 90 (Tandem)
Fehlercheckliste 113
Ferienkurs................................ 182
    siehe auch Kursbesuch
Filme................................ 100
Filmserien................................ 104
Fish-and-Chips-Syndrom 78
Französisch................ 126, 127, 149, 157
Freunde, falsche 146
Füller 121

G

Gedächtnis 62
 – auditives 25
 – bildhaftes................................ 161
Gedächtnisleistung .... 146 (ältere Semester)

Gedächtnisspur 62, 64, 65, 107, 150, 166
Gehör .... 26 (ältere Semester)
Geschichten 96, 141, 180
   siehe auch Ansatz, geschichtenbasierter
Gesprächssituation, reale 55, 83
   siehe auch Kommunikationssituation
Grammatik 47
Grammatikübungen 40
Griechisch (Selbstversuch) 133, 138, 160
Grundwortschatz 24, 42, 45, 73, 103, 159

H
Hemmungen .... 82 (Sprechen)
Holländisch 126
Hör-Input 25, 26, 32, 38, 91, 138
Hörbücher 101
Hören
   – aktives/passives 99, 100
   – Aussprache 154
Hörkurs 22
Hörverständnis 154
Hörverstehen 74, 94, 97, 99

I/J
Imitieren 153, 155
Impossibles 160, 162
Input 74
   – lernwirksamer 39
Intonation 154
Italienisch .... 126, 127, 129 (Selbstversuch), 139, 145, 149, 157, 160
Japanisch 76, 77, 124, 128, 137, 171

K
Kommunikationssituation 41, 79
   siehe auch Gesprächssituation
Kommunikationstricks 120
Kommunikationsübungen ...... 89 (Tandem)
Konjugieren 147

Korrektur ..... 113 (geschriebener Text), 115
Krabbelkinder 57, 58, 83, 175
Kursbesuch 76
   siehe auch Sprachkurs
Kurzzeitgedächtnis 81, 166
   – visuelles 97

L
Laut .... 154 (Aussprache)
Lautsprache 155
Lehrbücher 22, 39
Lehrmittel 39
Lernbürde 159, 160, 162
Lernen
   – aktives 33, 38
   – passives 38, 54
Lerner, digitaler 97
Lernfortschritt 37, 41, 50
Lerngelegenheiten 31
Lernjournal 36
Lernkärtchen 43
Lernkartei 168
Lernmanagement 51, 52
Lernmaterial einkaufen 21
Lernmethodik 51
Lernprogramm 30, 34, 138, 139
Lernreiz 165
Lernsoftware 133
Lernstil
   – analoger 142, 176
   – digitaler 176
Lerntyp, kinästhetisch-taktiler 43, 97, 171, 174, 175, 176
Lernwirkung 39
Lesen, intensives 108
Leserunden 28
Leseverstehen 69, 74, 94, 97, 98
Lexiko-Grammatik 48, 147
Linkshemipshärisch 177
Lückentext-Methode 67
Lückentexte 40, 41

M

Magazine 96
Markierungsmethode 107
Memorieren 120, 145, 149
   – ältere Semester 146
   – schwierige Sprache 138
   – Wortschatz 158
Merkfähigkeit 81
Methoden-Mix 37, 38
Motivation 19, 20, 182
   siehe auch Antrieb
   – und Frust 53
   – und Planung 35
Muttersprache 88, 118, 126, 153, 157, 178
Muttersprachler 18, 74, 86, 112, 119, 121, 161

N/O/P

Nachbearbeitung
   Unterrichtslektionen 17, 182
Nacherzählen 117
   – und Tandem 90
Niveaustufen 19, 21
Norwegisch 126
Online-Konjugationstrainer 149
Output 74, 80
   – Übungen 40
Podcasts 23
Portugiesisch 126, 149
Privatlektion 15, 182

R

Radiosendungen 101
Read-and-look-up-Methode 78, 81
Rechtshemisphärisch 177
Redehemmung überwinden 79
Repetition 42, 61, 148
   – aktive 63
   – schwierige Sprache 138
   – Wörter, Wortschatz 161, 165

Romane 96
Rückübersetzungsmethode 114
Russisch 127, 128, 160

S

Schlüsselwortmethode 164
Schreiben 74
Schulbücher 96
Schulfranzösisch 126, 145, 184
Schwedisch 126
Schwierigkeitsgrad 125, 127
Schwungrad-Effekt 19, 20, 30
Selbstmanagement 51, 52
Selbststudium 76
Selbstversuch 125
Sicherheitsinseln,
   sprachliche 84, 116, 119
Sinneskanäle 38, 51, 79, 94, 161, 174
Sofa-Methode 66, 151
Spanisch 126, 127, 149
Speicherung 33, 34, 54, 62, 63, 81, 95, 110, 136, 137, 141, 142, 145, 167, 174, 181
   – kurzzeitige 167
   – Wortschatz 161
Sprachaufenthalt 181, 184
Sprachbegabung 9
Sprachcomputer 24
Sprachenportfolio 19
Sprachgebrauch 90
Sprachkurs (im Sprachgebiet) 182
   siehe auch Kursbesuch
Sprachproduktion, schriftliche 112
Sprachumgebung, natürliche ... 17, 26, 147
Sprachwahrnehmung 107
Sprechen 42, 55, 74
Sprechflüssigkeit 89, 92
Stil siehe auch Lernstil, Denkstil
   – kinästhetisch-taktiler 175
   – sensorischer 174
   – sozialer 175

T

Tandem 17, 18, 74, 75, 76, 77, 86
  – und Wortschatz 104
Texte
  – graduierte 23
  – parallele 97, 98
Toughies 146, 160, 162
Treppenmethode 151
TV-Sendungen 100, 101
  – und Wortschatz 104

U

Übersetzen 114
Übersetzungsübungen 40
Übungen 40, 41
Umschrift, lateinische 136, 137
Untertitel 101, 104
Ursprung, germanischer/
  romanischer 126
Urwald-Analogie 69

V

Verben 106
Vergessenskurve 64, 65
Vernetzung 55
Vokabeltrainer 43, 168
Vokabular 28
  siehe auch Wortschatz
Vorwissen 54

W

Wendungen 102, 109, 110, 111, 112
  – automatisierte 118
Willenskraft 30, 32
Wissensstrukturen im Hirn 54
Wörter, hochfrequente 45, 46
Wörterbuch 24
  – visuelles 43
Wörterliste, zweisprachige 43
Wortschatz 28, 45
  – Ähnlichkeitsgrade 126

– schwierige Sprache 136
– und Untertitel 101
– vergrössern 102, 103,
Würfelmethode 148

Z

Zeitstufen 106
Zeitungen 96
Zielsetzung 75
Zungenfertigkeit 79, 80

Ratgeber, auf die Sie sich verlassen können — Beobachter edition

Besser verhandeln im Alltag

Jeden Tag verhandeln wir, mit den Nachbarn, Arbeitskollegen, mit dem Partner oder den Kindern, mit dem Lehrer oder der Schulleiterin, mit der Chefin, mit Kunden oder der Vermieterin. Mit konkreten Tipps und zahlreichen Praxisbeispielen verbessern Sie Ihre Verhandlungstechniken im Alltag.

200 Seiten, Klappenbroschur
ISBN 978-3-85569-657-4

Besser schreiben im Alltag

Mit diesem bewährten Ratgeber treffen Sie den richtigen Ton: in Briefen, E-Mails und SMS an Vermieterinnen, Behörden, Versicherungen, Arbeitgeber sowie Familie und Freunde. Damit Ihnen nie mehr die richtigen Worte fehlen, ist alles Wichtige zu Textaufbau, Darstellungsregeln und Rechtschreibung verständlich erklärt.

352 Seiten, Klappenbroschur
ISBN 978-3-85569-605-5

Besser schreiben im Business

Offerten, Reklamationen, Mahn- und Inkassowesen, Kundenpflege, Personalführung und Verträge: Schreiben aller KMU-Bereiche gehen leicht von der Hand dank einfacher Regeln, die zu einem klaren, modernen Schreibstil verhelfen. Mit den Tipps aus der Beobachter-Praxis ist jeder Text auch rechtlich korrekt.

ISBN 978-3-85569-604-8
320 Seiten, Klappenbroschur

Die E-Books des Beobachters: einfach, schnell, online. www.beobachter.ch/ebooks

Ratgeber, auf die Sie sich verlassen können

Beobachter edition

Reden wie ein Profi

Selbstsicher reden und souverän wirken – das lässt sich einfach lernen. Der Kommunikationsprofi Patrick Rohr bietet Hilfestellungen und Insidertipps für Reden im beruflichen, öffentlichen und privaten Rahmen. So gelingt garantiert jeder Auftritt vor Publikum.

256 Seiten, gebunden
ISBN 978-3-85569-426-6

So meistern Sie jedes Gespräch

Keine Angst vor heiklen Diskussionen oder schwierigen Verhandlungen: Patrick Rohr hat für jeden Fall das passende Rezept parat. Trost aussprechen, Kritik anbringen, eine Diagnose formulieren – der Kommunikationsprofi weiss, wie man Vertrauen aufbaut, souverän kommuniziert und Botschaften auf den Punkt bringt.

240 Seiten, gebunden
ISBN 978-3-85569-466-2

Schweigen, schummeln, lügen

Wir alle schummeln, lügen und verschweigen Unangenehmes. Täglich. Ganz selbstverständlich, ohne gross nachzudenken und oft zum Vorteil aller Beteiligten. Aber nicht immer. Wo ist die Grenze zwischen legitimer Schummelei und handfester Lüge, die anderen schadet? Wo reibt sich Unehrlichkeit an Wertvorstellungen und wo beginnt der Konflikt mit dem Gesetz?

232 Seiten, Klappenbroschur
ISBN 978-3-85569-830-1

Die E-Books des Beobachters: einfach, schnell, online. www.beobachter.ch/ebooks

Ratgeber, auf die Sie sich verlassen können

Beobachter edition

Ganz mein Stil

Jede Frau will sich wohlfühlen und gut aussehen – und keine Frau ist zu klein, zu gross, zu dick, zu dünn oder zu alt dafür. Mit diesem Ratgeber erhalten Sie praktische Tipps für jede Figur, jedes Alter und jedes Budget. Er schärft den Blick fürs Wesentliche, und zwar jenseits von Luxusmode und Magermodels.

200 Seiten, Klappenbroschur
ISBN 978-3-85569-821-9

Der Schweizer Knigge

Der Schweizer Knigge meint: Guter Umgang ist Lebensqualität. Christoph Stokar schneidet alte Zöpfe ab und zeigt, was heute in den verschiedenen Lebensbereichen gilt: kompetent, reflexiv, humorvoll. Mit diesem Knigge treten Sie in kein Fettnäpfchen mehr. Neu mit Weinwisser-ABC.

240 Seiten, Klappenbroschur
ISBN 978-3-85569-769-4

Was Schweizer wissen wollen

Kompakt, unabhängig und kompetent, das gesammelte Wissen des Beobachters: Fragen zu zentralen Lebensbereichen wie Zusammenleben und Familie, Beruf und Arbeit, Haus und Wohnen, Finanzen und Vorsorge werden beantwortet. Mit zahlreichen farbigen Infografiken.

280 Seiten, gebunden
ISBN 978-3-85569-790-8

Die E-Books des Beobachters: einfach, schnell, online. www.beobachter.ch/ebooks